献给我们的父亲母亲

CHANGES IN THE
CHINA-U.S. ECONOMIC
RELATIONS

中美经贸变局

挑|战|与|应|对

盛柳刚　赵洪岩　◎著

图书在版编目（CIP）数据

中美经贸变局：挑战与应对/盛柳刚，赵洪岩著.—北京：北京大学出版社，2020.1
ISBN 978-7-301-30980-3

Ⅰ.①中⋯　Ⅱ.①盛⋯②赵⋯　Ⅲ.①中美关系–双边贸易–研究　Ⅳ.①F752.771.2

中国版本图书馆 CIP 数据核字（2019）第 272401 号

书　　　名	中美经贸变局：挑战与应对 Zhongmei Jingmao Bianju: Tiaozhan yu Yingdui
著作责任者	盛柳刚　赵洪岩　著
责任编辑	陈　健
标准书号	ISBN 978-7-301-30980-3
出版发行	北京大学出版社
地　　　址	北京市海淀区成府路 205 号　100871
网　　　址	http://www.pup.cn　　新浪微博：@北京大学出版社
电子信箱	em@pup.cn　QQ：552063295
电　　　话	邮购部 010-62752015　发行部 010-62750672　编辑部 010-62752926
印　刷　者	北京鑫海金澳胶印有限公司
经　销　者	新华书店
	730 毫米 ×1020 毫米　16 开本　14 印张　187 千字 2020 年 1 月第 1 版　2020 年 1 月第 1 次印刷
定　　　价	45.00 元

未经许可，不得以任何方式复制或抄袭本书之部分或全部内容。
版权所有，侵权必究
举报电话：010-62752024　电子信箱：fd@pup.pku.edu.cn
图书如有印装质量问题，请与出版部联系，电话：010-62756370

序

2018年中美突然爆发贸易冲突，而且愈演愈烈、持续升级。自2018年3月美国301调查裁定中国"侵犯"美国知识产权以来，双方的贸易冲突已经从最初的对来自对方的500亿美元进口商品加征25%关税，升级为对来自对方的大部分进口商品加征关税的全面关税贸易战。这一场发生在世界最大的两个经济体之间的贸易冲突震撼全球，它不仅对中国的全球化进程提出了新的挑战，也预示着中美关系从战略合作转向战略竞争的大变局。

自中华人民共和国成立以来，现代中国经历了三次全球化的挑战。第一次是1978年中国打开国门实行改革开放，这是计划经济走向市场经济的第一步，也是中国从封闭经济走向开放经济的第一步，它开启了中国融入第二次世界大战后由美英等国主导建立的国际政治经济新秩序的漫长过程。这一步最为勇敢，中国采取摸着石头过河的办法，从设立经济特区出发，再到开放沿海城市，最后形成覆盖全国的对外开放格局。

第二次是2001年中国加入世界贸易组织（WTO）。与之前摸着石头过河的试验方法不同，加入WTO明确了中国进一步开放的规则和方向。中国遵循WTO的多边规则与世界各国进行贸易和投资活动，具体举措有：将关税大幅降到最惠国关税税率，基本放开制造业的外资准入，放开除汽车等行业外的制造业外资投资的股比限制，消除进口配额等。这一步走得最为漫长，从1986年中国正式提出恢复关贸总协定缔约国地位的申请开始到 2001 年加入 WTO，经历了 15 年漫长艰辛的贸易谈判才最终成功。搭上 WTO 的列车，中国全球化进程加速，进一步融入了国际政治经济秩序。

第三次就是当前的中美贸易冲突。与前两次主要是由中国内部主动推动开放进程不同，这一次挑战主要是来自美国的压力。美国贫富差距的扩大使得美国民粹主义和贸易保护主义抬头，中国迅猛增长的出口对美国蓝领工人造成的冲击使得美国将矛头对准中国。这次挑战最为复杂，应对起来最为艰巨，因为前两次挑战时中国面对的国际环境相对友好，中美处于战略合作关系，然而这次中美贸易冲突，不仅是两国经贸关系矛盾的集中爆发，还标志着中美从战略合作关系转向战略竞争关系。面对这一次挑战，中国不仅需要继续推进开放，而且还要处理好与美国的关系。

这三次全球化挑战的共同之处是如何将中国的内部制度和开放世界的通行规则连接起来。第一次，为了突破意识形态和计划经济的樊笼，中国采用的是特区政策，设立深圳等特区，优先实施与东南亚国家类似的开放政策，先试先行，成功之后再推广经验。第二次，为了加入 WTO，中国更是对既有的经济法律法规进行了一次系统性的梳理和调整，并制定了一系列关于外商投资、货物和服务贸易、知识产权保护等诸多新的符合 WTO 规则的法律法规。第三次，情形略有不同，随着中国经济的崛起，中国经济模式——相对较高的国有企业占比、强大的政府能力和积极的产业政策——对当今世界的政治经济秩序形成了挑战。中美经贸关系变局的根本原因亦在于此。因此，如何和国际社会的通行规则进一步整合、消除中美之间矛盾的根源，成为中国成功应对第三次全球化挑战的关键。

正是在这样的背景下，本书试图回答如下三个问题：中美贸易冲突为什么会爆发，贸易冲突对中国经济有多大影响，以及我们该如何

序

应对。

中美贸易冲突爆发,标志着中美经贸关系从战略合作走向战略竞争。出现这一变局的根本原因是什么?本书前三章梳理了中美经贸关系的历史演变,探究中美从战略合作到战略竞争的转折背后的全球政治经济因素。中美经济实力和科技差距缩小,美国贫富差距拉大和中国对美国的贸易冲击导致蓝领工人的利益受损,以及特朗普政府"美国优先"的政策导向是中美贸易冲突的三大原因。

第4、5章分别揭示了理解中美贸易逆差的两个误区。第一个误区是中美贸易逆差忽略了在华美资企业在中国的直接销售,如果考虑到两国跨国公司在当地的直接销售,中美服务和货物双边销售实际上基本持平。第二个误区是认为美国长期性的经常账户赤字是由中国导致的,实际上美国的经常账户赤字应该归因于其内在的结构性因素:高消费低储蓄、财政赤字政策和美元在国际货币体系中的核心地位。

中美不断加码的贸易摩擦对两国经济的影响有多大?如果中美爆发全面贸易战,将谁输谁赢?第6章分析了美国发动的全球范围的钢铝贸易冲突,第7章用翔实的数据估计了中美关税贸易战对双边贸易的影响,第8章用国际贸易的经典模型估计了中美爆发全面贸易战的经济损失。我们发现,中美贸易冲突通过贸易渠道对中国经济的整体影响是有限的,但贸易冲突会导致悲观情绪蔓延、投资者和消费者信心不足,使得资本市场进入熊市和波动加剧,额外拖累中国经济增长。

如何应对这一场突如其来的贸易冲突?如何应对中美经贸关系由战略合作转向战略竞争?第9章分析了为什么就战略目标而言美国终将失败,特朗普政府将难以通过关税战实现其政策目标,包括降低贸易逆差、促使制造业回流和遏制中国科技发展。第10章分析了中国进一步下调关税促进进口的空间有多大。我们建议进一步下调关税,促进进口以便让世界各国分享中国市场,寻求共赢共享的全球化道路。第11章综合阐述了应对中美贸易冲突的三大策略：促开放、稳增长、调结构。目前来看，中国"促开放"步伐相对较大，"稳增长"还未见明显成效，"调结构"则进展稍慢。结构性改革将是中美贸易谈判和执行的重点与难点。

中美经贸关系是当今世界最重要的双边经贸关系。中美经贸关系转向"战略竞争"并不意味着"战略对抗"。双方应当妥善管控分歧、合作共赢，努力寻求最大公约数。具体而言，中国应进一步下调关税，消除非关税贸易壁垒；扩大外资市场准入，简化政府监管流程；适当缩小国有企业规模，减税和减补贴并行，降低资源错配和提高企业生产效率。如果沿着这三个方向改革，中美贸易冲突或许能由压力变成动力，推动中国向全方位的对外开放格局前进，胜利完成应对第三次全球化挑战的任务。

本书希望用专业的眼光、通俗的语言、严谨的分析和翔实的数据呈现中美经贸关系转折的原因、中国所面临的挑战和应对策略。本书各章节之间虽然紧密联系，但我们力求每章自成一体，方便读者阅读。同时，这也是一本写给我们自己的书。我们生于改革开放伊始，在中国和美国都学习生活过。而今天我们也正在成为历史的一部分，希望本书能为已经发生的和正在发生的历史留下一笔记录，记录2018—2019年这段时间我们所面临的思考和抉择，即使这些思考是不够成熟的和有缺陷的。

我们的知识结构和经验在帮助塑造这本书的同时也限制了它的视野。我们在北京大学本科阶段学习的是政治学和国际政治学，在美国加州大学博士阶段学的是经济学，主要研究领域是国际宏观经济学和国际贸易。我们的知识结构使得我们主要是对中美贸易冲突进行经济分析，然而中美贸易冲突远远超越了经济领域，涉及政治、历史、金融和法律等方方面面，这些无疑超出了我们的能力范围。但我们仍然希望本书可以抛砖引玉，吸引更多学者从各个领域来分析、反思中国的全球化进程

序

和中美两国未来的挑战。

在本书出版之际，我们要特别感谢郑雪茜、包灵敏、赵婧、范理等同学帮我们收集和整理资料。没有他们的辛苦付出，无法想象我们能够顺利完成此书。北京大学出版社的陈健、兰慧两位编辑为本书的编辑和出版做了大量精心、细致的工作。在写这本书前，我们在《金融时报》（*Financial Times*）中文网和《清华金融评论》发表了关于中美贸易冲突的系列文章。本书的部分章节在这些文章的基础上做了总结和拓展，在此再次感谢两位编辑徐瑾和王蕾的大力支持。受作者水平和写作时间所限，本书难免有疏漏之处，敬请读者谅解。

文中观点仅代表作者本人，不代表作者所在单位意见。

盛柳刚　赵洪岩

2019 年 8 月于香港中文大学

目录
CONTENTS

第1章 2018变局之年　　001
1. 生死时速"飞马峰号"　　001
2. 中美关系演变　　005
3. 特朗普政府对华政策　　012

第2章 修昔底德陷阱　　016
1. 中美经济实力对比　　017
2. 全球化下的中国与美国　　019
3. 《财富》世界500强　　028
4. 中美科技差距　　030
5. 教育水平与人力资本　　034
6. 中国崛起的世界性挑战　　036

第3章 美国优先　　038
1. 美国贫富差距拉大　　039
2. 中国贸易冲击　　047
3. 美国优先　　053

第 4 章　理解中美贸易不平衡的两个误区　　　057
　　1. 中美双边总销售　　　058
　　2. 贸易总值统计方法严重扭曲双边贸易不平衡　　　062
　　3. 全球化紧密连接中美经济　　　066

第 5 章　美国经常账户赤字成因探析　　　068
　　1. 全球失衡　　　068
　　2. 经常账户跨期理论　　　069
　　3. 美国经常账户赤字成因　　　071
　　4. 美国为什么能够保持经常账户长期赤字？　　　077

第 6 章　美国打响贸易关税战第一枪　　　080
　　1. 关税战的第一枪是如何打响的？　　　080
　　2. 为什么对钢铝进口征收高关税？　　　082
　　3. 对钢铝进口加征关税能减少美国的贸易逆差吗？　　　082
　　4. 钢铝关税战震撼全球　　　084
　　5. 谁是最大的赢家和输家？　　　086
　　6. 对中国的影响有多大？　　　088
　　7. 反全球化的兴起　　　088

第 7 章　中美关税贸易战量化分析　　　090
　　1. 中美加税清单对比　　　093
　　　　1.1　中美关税贸易战策略对比　　　095
　　　　1.2　出口损失的事先估计方法　　　100

2. 美国清单：中国出口损失	104
3. 中国清单：美国出口损失	109
4. 加征关税对中美双边进口的事后影响	114

第 8 章　中美全面贸易冲突的损失估计 —— 119
- 1. 引言 —— 120
- 2. 中美贸易关系概述 —— 123
  - 2.1　双边贸易关系 —— 123
  - 2.2　双边贸易额和贸易失衡 —— 125
  - 2.3　双边贸易结构与贸易争端 —— 126
  - 2.4　当前的贸易争端 —— 128
- 3. 数据 —— 129
- 4. 量化分析关税增加的影响 —— 130
  - 4.1　中美之间的行业双边贸易 —— 130
  - 4.2　贸易冲突情形 1：贸易平衡下的美国单边关税战 —— 133
  - 4.3　贸易冲突情形 2：贸易平衡下的中美双边关税战 —— 136
  - 4.4　贸易冲突情形 3：贸易不平衡下的中美双边关税战 —— 138
- 5. 小结 —— 141

第 9 章　为什么特朗普无法赢得贸易战？ —— 143
- 1. 目标一：减少美国贸易逆差 —— 144
- 2. 目标二：促使制造业回流美国 —— 145
- 3. 目标三：遏制中国高端制造业 —— 153

第 10 章　中国降关税扩进口的空间有多大？　　157
1. 中美关税差异　　157
2. 对等关税下中国自美国进口潜能　　161

第 11 章　挑战与应对　　166
1. 促开放　　167
　1.1　降关税　　167
　1.2　市场准入　　169
　1.3　进一步对外开放　　171
2. 稳增长　　172
　2.1　贸易战阴影下中国经济放缓　　174
　2.2　稳增长政策出台　　178
3. 调结构　　183
　3.1　中美贸易逆差　　184
　3.2　国有企业和财政补贴　　185
4. 总结与展望　　190

参考资料　　193
主要数据来源　　197
附录：中美贸易争端时间表　　199

图目录

图 2.1　中美 GDP 对比　　018
图 2.2　中美人均 GDP 及其增长率　　018
图 2.3　中美货物与服务出口总额　　020
图 2.4　中美货物与服务进口总额　　021
图 2.5　中美外商直接投资（FDI）流入流出额　　022
图 2.6　1995 年全球价值链主要地区分布　　024
图 2.7　2011 年全球价值链主要地区分布　　025
图 2.8　2017 年中美双边贸易商品结构（海关 HS 编码）　　027
图 2.9　《财富》世界 500 强中国、日本、美国上榜企业数　　029
图 2.10　《财富》世界 500 强企业收入总额　　029
图 2.11　中美发明专利授权量　　030
图 2.12　2016 年发明专利授权量排名前 10 的国家　　031
图 2.13　中美及其他国家的研发总支出　　032
图 2.14　中美及其他国家的研发总支出占 GDP 比重　　033
图 2.15　中美及其他国家平均每位研究员的研发支出　　033
图 2.16　中美高等教育毕业人数　　035
图 2.17　中美人力资本对比　　036
图 3.1　美国收入最高的 1% 超级富豪和收入最低的 50% 穷人收入比重对比　　040
图 3.2　美国总裁（CEO）与员工薪酬比例　　041
图 3.3　美国净财富分布　　042

图 3.4	美国和法国净财富最高的1%超级富豪财富比重	044
图 3.5	美国孩子在30岁时收入高于其父辈的比例	045
图 3.6	主要国家制造业出口在世界上占比	047
图 3.7	美国货物进口来源国比重	048
图 3.8	中国出口对美国的冲击	050
图 4.1	2015年中美双边销售和构成	060
图 4.2	2015年美国和其他国家与地区双边总销售额	060
图 4.3	2009—2015年美国子公司中国销售额占全球总销售额比例	062
图 4.4	美国对主要东亚国家和地区的贸易逆差占美国GDP的比例	063
图 4.5	中国、日本、韩国与美国的贸易总值差额和增加值差额	065
图 5.1	中美经常账户及贸易余额占GDP比重	069
图 5.2	1970—2017年美国经常账户/GDP、储蓄率和投资率	072
图 5.3	里根时期美国双赤字	074
图 5.4	小布什时期美国双赤字	075
图 6.1	2013—2017年美国钢材生产、进出口和表观消费	083
图 6.2	2013—2017年美国铝材生产、进出口和表观消费	083
图 6.3	2016年主要国家钢材进口占世界进口比重	084
图 6.4	2017年美国钢材进口来源地分布	085
图 7.1	2017年中美双边进口的BEC分布	098
图 7.2	中国进口弹性分布	103
图 7.3	美国进口弹性分布	103
图 7.4	美国清单下中国出口损失估计	105
图 7.5	中国出口损失的行业分布	105
图 7.6	美国清单下中国出口损失的BEC分布	106
图 7.7	美国清单下中国不同贸易方式的出口损失	107

图 7.8	美国清单下中国不同企业类型的出口损失	108
图 7.9	美国清单下中国出口损失的地区分布	108
图 7.10	中国清单下美国出口损失估计	110
图 7.11	美国出口损失的行业分布	111
图 7.12	2018 年 CBOT 大豆期货价格波动	112
图 7.13	中国清单下美国出口损失的 BEC 分布	113
图 7.14	美国自中国进口额的月度同比增长率	115
图 7.15	2018 年以来美国分国别或地区进口额月度同比增长率	116
图 7.16	中国自美国进口额的月度同比增长率	118
图 9.1	美国各部门就业人数占劳动人口的比重	146
图 9.2	2015 年世界前 60 大经济体制造业增加值占 GDP 比重与人均实际 GDP	147
图 9.3	美国和东南亚主要发展中国家劳动力成本比较	148
图 9.4	1971—2011 年美国制造业重要性变化趋势	151
图 10.1	中美进口关税对比	158
图 10.2	HS2 位码行业分类下中美关税差异频数分布	160
图 10.3	中美对等关税假设下中国产品（HS6 位）关税下调幅度	161
图 11.1	中美实际 GDP 季度同比增速	173
图 11.2	中美利率季度对比	174
图 11.3	中国经济政策不确定性和人民币汇率	175
图 11.4	2018 年上证指数和香港恒生指数波动	175

表目录

表 6.1	2016年美国前七大钢铁制造商	086
表 7.1	美国加税清单概况	094
表 7.2	中国加税清单概况	094
表 7.3	中美加征关税清单产品类别对比	099
表 8.1	2001—2016年中美贸易额和增长率	125
表 8.2	1993—2016年三个主要产业中美双边贸易额	127
表 8.3	2011年中美各行业双边贸易	131
表 8.4	贸易和产出的汇总统计	132
表 8.5	情形1下的贸易和产出变化	133
表 8.6	情形1下的真实工资变化	135
表 8.7	情形2下的贸易和产出变化	137
表 8.8	情形2下的真实工资变化	138
表 8.9	情形3下的贸易和产出变化	139
表 8.10	情形3下的真实工资变化	140
表 8.11	三种情形下的不同关税政策比较	140
表 11.1	2018年中国进口关税降低举措	168
表 11.2	中国政府为企业减税降费举措	179

第1章 2018变局之年

1. 生死时速"飞马峰号"

2018年7月6日早上,一艘名为"飞马峰号"的货轮满载7万吨美国大豆向着大连港狂飙猛进,试图在当日中午12点01分中国对美国大豆征收25%关税前抵达港口落锚清关。然而最终功亏一篑,"飞马峰号"于6日下午5时30分抵达大连港,如果卸货清关则面临几千万美元的额外关税。一个月后,人们发现"飞马峰号"依旧在大连港附近海域原地打转、进退维谷,企盼着这场世界上最大两个经济体之间的贸易冲突能够迅速停止。然而它最终等来的不是硝烟散去,而是中美两国贸易冲突进一步升级,2018年8月初美国宣布拟向自中国进口的2 000亿美元商品征收25%的关税,中国则宣布向自美国进口的600亿美元商品征收5%到25%不等的关税。

"飞马峰号"上的7万吨美国大豆,已经成为这场中美两国贸易冲突的第一批牺牲者。大豆贸易对中美两国都具有重大经济意义。2017年美国大豆出口量为5 532万吨,占其大豆总产量的46%,其中对华出口量为3 173万吨,占大豆总出口量比例高达57%。大豆出口额占美国对华出口额的比例约为10%。[①] 同时,中国对大豆进口有巨大需求,2017年中国

---

① 数据来自美国国际贸易委员会(USITC)和美国农业部国家农业统计局(USDA-NASS)。

60%的大豆从全球市场购买，多达9554万吨，其中约33%是从美国进口。中美两国互相对340亿美元的进口商品征收25%关税，已经对中美双边的大豆贸易产生了不利影响。因为这25%的额外关税，中国国内部分豆企在关税征收之前囤积存货，另有部分大豆货船延期卸港或延期到货。海关初步统计数据显示，2018年7月中国大豆进口量为801万吨，低于6月的870万吨和2017年同期的1008万吨，也低于此前预期。美国大豆期货价格也出现了明显下跌。

这艘从美国西雅图出发的"飞马峰号"，出发之时也许没有预料到中美贸易冲突的这场风暴会来得如此快速和真实，它应该也没有料到这场冲突会不断升级、愈演愈烈。

让我们先来梳理一下这场贸易冲突的时间线。2018年年初开始，美国采取了一系列贸易保护主义措施：1月对进口大型洗衣机和光伏产品分别征收最高税率30%和50%的关税。2月对自中国进口的铸铁污水管道配件征收68.37%~109.95%的反倾销关税，对中国铝箔产品征收48.64%~106.09%的反倾销税，以及17.14%~80.97%的反补贴税。3月美国根据232调查结果对中国进口钢铁和铝分别征收25%和10%的关税，挑起了全球性的钢铝贸易冲突。对此，中国商务部发布了对原产于美国的水果、猪肉等30亿美元进口商品的中止关税减让产品清单。3月下旬，美国301调查裁定中国"侵犯"知识产权，4月初发布清单拟对从中国进口的包括高科技产品在内的1333种总值500亿美元的商品征收25%的关税，向全球资本市场扔下一颗重磅炸弹，令资本市场大幅震荡。面对美国的贸易保护主义，中国采取了以牙还牙的"等值等额关税"的反制战略，表示如果美国一旦实施25%关税，将对美国出口中国的大豆、汽车和化工品等总额500亿美元商品征收25%的关税，并列出了拟征税商品清单。中美贸易冲突正式拉开序幕。

接下来的两个月，虽然中国政府极力想以谈判结束贸易冲突，但多轮磋商皆因美国坚持其强硬立场而失败。2018年6月15日美国发布了经调整后的加征关税的商品清单,决定对约340亿美元自中国进口商品自2018年7月6日起加征关税,同时对约160亿美元商品加征关税开始征求公众意见。中国政府随即表示将对原产于美国约500亿美元进口商品分两批各加征25%的关税。从法律意义上讲,中美贸易关税战正式爆发。中美贸易摩擦的陡然加剧给中国金融市场带来巨大压力,上海证券综合指数和恒生指数一度分别跌破2 800点和28 000点,离岸和在岸人民币汇率也出现明显贬值,一度跌破6.7。北京时间2018年7月6日中午12点01分,双方开始对约340亿美元商品征收关税,中美贸易关税战第一枪正式打响。7月11日,因中国的贸易反制,美国宣布计划对额外的自中国进口的2 000亿美元商品加征10%关税,发起中美贸易关税战第二波。由于人民币受压持续贬值突破6.9关口,美国认为人民币贬值已经大部分抵消了10%的关税,又于2018年8月2日宣布计划进一步将自中国进口2 000亿美元商品的关税由10%提高到25%。中国紧接着表示计划将对原产于美国的5 207个税目价值约600亿美元的进口商品加征5%~25%不等的关税。2018年8月7日美国宣布将于8月23日对中国第二批279种价值160亿美元输美商品加征关税。中国表示对美加征关税的160亿美元商品名单作适当调整后将于同日实施。

2018年9月18日,唐纳德·特朗普(Donald Trump)宣布将从9月24日起对自中国进口的2 000亿美元商品征收10%的关税,并从2019年1月1日起将关税提高到25%,而且宣称如果中国继续报复,他将对剩下2 600多亿美元自中国进口商品征收关税。中国立刻宣布对原产于美国的600亿美元的进口商品同日起加征5%或10%两级关税。中美贸易关税战第二波正式拉开序幕。

2018年12月1日,阿根廷二十国集团(G20)峰会后,中美两国元首在布宜诺斯艾利斯举行了长达两个半小时的晚餐会晤。双方同意暂时不加剧贸易关税战，美国同意推迟原定于2019年1月1日对2 000亿美元中国商品提高关税的计划，继续进行贸易谈判。然而，由于中美巨大的立场差异，经过多轮谈判双方仍然未能就贸易冲突达成一致。主要原因在于美国不接受中国提出的三点要求：第一，达成贸易协定时必须撤销先前增加的关税；第二，美国要求采购的数额须合理；第三，贸易协定文本上双方须平等。2019年5月5日，特朗普突然在推特上发布消息称将2 000亿美元的中国输美商品的关税从10%提高到25%，并表示将对剩下的3 000亿美元中国输美商品征收25%的关税。中美第二轮贸易谈判又宣告失败，引发全球金融市场的剧烈动荡。2019年6月15日，美国将自中国进口的2 000亿美元商品的关税从10%提高到25%。作为反制，中国也上调了对自美国进口的600亿美元商品的关税。

2019年8月初，特朗普宣布自2019年9月1日起对从中国进口的剩下3 000亿美元商品加征10%的关税。8月13日，美国贸易代表办公室宣布3 000亿美元加征关税分两个阶段实施，部分产品加征关税延迟至2019年12月15日。对此，2019年8月23日，中国做出反制，中国国务院关税税则委员会发布公告，决定对原产于美国的约750亿美元进口商品加征10%、5%不等的关税，分两批分别自2019年9月1日、12月15日起实施。特朗普立即在推特上表示，已经开始加征25%关税的2 500亿美元商品关税税率自10月1日起提高到30%[①]，而3 000亿美元商品关税税率从10%提高到15%，实施日期不变。自此，中美关税贸易战已经演变成一场覆盖世界两个最大经济体的绝大部分贸易商品的关税大战，这也是第二次世界大战以来全球最大规模的贸易冲突。

---

① 后因中国国庆节，美国同意推迟至10月15日实施。10月10日至11日中美进行第十三轮经贸高级别磋商取得进展，美国白宫表示中美将达成第一阶段协议。因此，特朗普宣布暂时不上调这批商品的进口关税，加征关税税率保持在25%。

这一剑拔弩张的形势与1999年11月15日两国达成关于支持中国加入WTO协议时的友好氛围形成了鲜明的对比。20年前克林顿政府努力促成的中国加入WTO也被如今的特朗普政府认为是一个"错误"。从支持中国加入WTO到对中国发起贸易冲突，标志着中美经济贸易关系从战略合作到战略竞争的转变。中美双边关系是全球最重要的双边关系，而经贸关系则是两国关系的压舱石。在分析中美贸易冲突之前，有必要先重新梳理一下中美经贸关系发生转变的历史背景和过程，并解析两国经贸关系大变局的深层次原因和结构性因素。这样才能帮助我们更好地理解此次中美贸易冲突发生的缘由和影响，以及两国关系走向战略竞争给中国带来的挑战以及应对策略。

2. 中美关系演变

中华人民共和国成立之后，中美战略关系大致可以分为冷战期、正常化、战略合作期和正在形成的战略竞争期四个阶段。1949年中华人民共和国成立到1972年理查德·米尔豪斯·尼克松（Richard Milhous Nixon）总统访华为冷战期，1972年到1979年中美建交期间为中美关系正常化阶段，中美建交到2017年贝拉克·侯赛因·奥巴马（Barack Hussein Obama）总统任期结束为战略合作期，特朗普就任总统和2018年中美爆发贸易冲突，可以视为战略竞争期的开始。

1949年中华人民共和国成立后，由于美苏两大国处于冷战的敌对状态，而且中国与美国在意识形态上对立，使得中国不得不选边站，与美国处于敌对状态，20世纪50年代的朝鲜战争和后来的越南战争更是让两国关系雪上加霜。朝鲜战争爆发后美国对中国实施贸易禁运和制裁，所以两国基本没有直接的经贸来往。但美国在越南战争中的失利导致了美苏的实力对比呈现向苏联倾斜的趋势，同时中苏关系恶化使中国的国家安全面临严峻的挑战，因此，中美合作对抗苏联对两国都具有重大战略意义。

1967年尼克松在《外交》（Foreign Affairs）杂志上发表文章，表示"没有中国的变化世界将是不安全的，美国的目标应该是在自己力所能及的范围内促成这种变化"。[1]尼克松在这篇文章中表达了他对中国的战略意图，希望尽快结束与中国的敌对关系，以此来制衡实力相对上升的苏联。美国需要做的就是和中国重新接触，改变针对中国的孤立和封锁战略。对中国而言，20世纪60年代末期既要"反苏"又要"抗美"，处于极为不利的国际环境之中。虽然中美意识形态不同，但从当时地缘政治的角度考虑，苏联是中国最大的威胁，因此改善与美国的关系也有利于中国。

中美两国关系的破冰始于至今还被人津津乐道的"乒乓外交"。1971年，第31届世界乒乓球锦标赛在日本名古屋举行。一天19岁的美国队员格伦·考恩（Glenn Cowan）误打误撞上了中国队的班车，当时车上的中国人都以沉默应对这尴尬的局面，十几分钟后，世界冠军庄则栋上前和考恩握手并通过翻译与其交谈了几句，还送给他一件极富中国特色的杭州织锦"黄山风光"。作为回赠，自诩为嬉皮士的考恩第二天将印有和平标志和披头士歌词"Let It Be"的T恤衫送给了庄则栋。中美乒乓球运动员之间的友好交流成为这次锦标赛和媒体报道的热门话题。毛泽东主席得知后，敏锐地感觉到这是中美关系破冰的良机，遂同意外交部邀请美国乒乓球队访问中国。4月14日，周恩来总理接见了美国乒乓球队，并称赞他们"开启了中美两国人民交流的新篇章"。同时，尼克松总统宣布解除对中国的旅行和贸易禁令。《纽约时报》（The New York Times）也将美国乒乓球代表团攀登长城的照片作为封面，题为"中国：一场全新的博弈"。

这场被毛泽东誉为"小球转动大球"的"乒乓外交"，揭开了中美关系正常化的序幕。7月，美国国务卿亨利·阿尔弗雷德·基辛格（Henry Alfred Kissinger）博士秘密访华。10月，美国在联合国支持中华人民共和国恢复席位。1972年，尼克松总统到中国进行为期一周的访问，成为第一位访问中国的美国总统。双方签署了中美第一个联合公报《上海公报》，最重要的成果是确立了中美关系正常化的方向，美国承认一个中国的原则，并表示将扩大两国民间交流，为双边贸易提供便利。毛泽东不愧是一位伟大的战略家，在美苏争霸的20世纪70年代，他没有受到意识形态樊笼的制约，做出了联美抗苏的战略决定，不仅使中美关系实现了正常化，为中国之后实施改革开放创造了战略条件，而且也为冷战的结束奠定了基础。

尼克松总统原本答应在1976年实现两国正式建交，但由于水门事件影响，直到吉米·卡特（Jimmy Carter）总统上台和邓小平恢复工作，中美双方才开始为正式建交进行谈判。1979年1月1日，双方宣布建立大使级外交关系，中美正式建交。

中美关系正常化可以说是中华人民共和国成立以来最重要的外交成就，其影响远远超越外交领域。可以说中美关系正常化是中国近40年经济增长奇迹的先决条件之一。首先，中美关系正常化改变了美苏中三国的力量平衡，有利于创造一个相对和平的国际环境。1972年尼克松总统访华直接推动了中日在当年迅速恢复邦交。1979年1月邓小平访美取得成功，1979年2月14日中共中央向全国下达了准备开始对越自卫反击战的通知，战争的胜利为中国实现和平环境和实施改革开放创造了有利的军事条件。1978年12月16日，中美发表建交公报。两天之后举行的中共十一届三中全会上，邓小平等党和国家领导人决定将党和国家的工作重心转移到社会主义现代化建设上来，并实行改革开放的战略决策。如果没有中美建交创造了相对和平的环境，这一战略转折很难实现。20世纪80年代，邓小平进一步提出，发生世界大战的可能性大大降低，世界局势可能已经从冷战转向和平与发展，因此中国可以继续坚持以经济建设为中心。

其次，中美关系正常化使得中国有机会推行改革开放并有可能获得成功。如果美国及其盟国继续维持对中国的制裁和孤立政策，中国即使推行对外开放，要取得成效也将非常艰难，与美国建交为中国推行对外开放提供了巨大的海外市场。中美两国于1979年签订了《中美贸易关系协定》，提出在平等互利和非歧视待遇原则的基础上，相互给予最惠国待遇。从美国进口关税来看，最惠国关税税率远低于美国通常给予非市场经济国家的非最惠国关税税率。因此，虽然每年还需美国国会批准是否给中国自动延续最惠国关税，但中国商品出口美国的关税率从此大幅下降。

最后一点也是最为重要的是，中美建交开启了中美长达40年的多方面的战略合作。虽然在建交之后的不同时间阶段里中美关系也曾有起伏，但总体来讲，两国的合作是相当成功的，为冷战的结束、世界和平、中国和世界经济增长以及消除贫困都做出了巨大贡献。

中美宣布建交之后，1979年1月邓小平成功访美，开启了中美合作的十年蜜月期，双方在军事、科技、贸易投资、教育和文化交流等方面展开了积极合作。出于联手抗苏的需要，美国放宽了对中国武器和高科技产品出口的限制。尤其是签订了《中美贸易关系协定》之后，双边贸易额迅速增长，由建交时的23.8亿美元，增至1989年的180.5亿美元，年均增长23%。双方在科技、教育、文化方面的交流也蓬勃发展。1979年第一批中国留学生到达美国，邓小平访美后一年即1980年有1 025名中国学生去美国学习，1984年则有14 000名中国学生进入美国大学，主要学习自然科学、工程和医学。[①]

20世纪80年代，中美合作进入长达十年的"蜜月期"，1989年春夏之交的政治风波后双方关系一度降至冰点。一直到1990年海湾战争爆发，

---

① 傅高义. 邓小平时代. 冯克利, 译. 北京: 生活·读书·新知三联书店, 2013: 343.

伊拉克入侵科威特，在联合国安理会一项表决中，美国建议联合国会员国可以运用一切必要的手段（包括武力）来促使伊拉克从科威特撤军，中国投了弃权票，使得美国和联合国军可以顺利出兵。中美两国关系才逐渐缓和过来。

1991年苏联解体，冷战结束，导致20世纪80年代中美两国紧密合作的最大推动力不复存在，两国关系进入一个动荡的年代。在这之后，中美关系的着眼点变为两国本身的利益。此前在冷战的威胁下，中美两国最大限度地求同存异，但苏联解体使得中美之间早已存在的利益冲突浮出水面，中美双方在台湾、军事和人权等诸多问题上的矛盾日渐显现。1992年邓小平南方谈话加快了中国的改革开放进程，江泽民总书记提出建设社会主义市场经济，重新建立起中美间的共识，巩固和加强了中美经济、贸易和投资之间的联系，使中美关系暂时免于脱轨和走向对抗的危险。

威廉·杰斐逊·克林顿（William Jefferson Clinton）总统执政的第二个任期内，经贸关系开始成为中美关系的主要推动力量。1997年10月，江泽民对美国进行国事访问，双方发表《中美联合声明》，宣布中美两国将致力于建立面向21世纪的建设性战略伙伴关系。克林顿执政时期双方合作的最大成就就是推动中国加入WTO。1999年4月，朱镕基总理访美，啃下了中美谈判最困难的农业谈判"硬骨头"，双方签署了《中美农业合作协议》。然而，5月的一个突发事件让中美关系急速恶化，差点让中国加入WTO黄了。在巴尔干半岛的科索沃战争中，北约组织的军队空袭南斯拉夫。一架美军B-2轰炸机发射的三枚精确制导炸弹击中了中国驻南斯拉夫大使馆，当场炸死三人，炸伤数十人。在北京和其他许多城市，众多愤怒的学生和市民上街举行反美游行，并到美国驻华大使馆和领事馆前抗议示威。因此，中国立即中止了与美国关于加入WTO的谈判。美国解释是因为使用了三年前的旧地图导致了误炸，向中国致歉并赔偿。之后，美国多次提出恢复谈判。1999年9月11日，江泽民与克林顿在亚太经合组织第七次领导人非正式会议期间进行了会晤，中美恢复了双边谈判。1999年11月15日，经过艰苦谈判，中美双方就中国加入WTO在北京达成双边协议。1999年美国同意给予中国永久性最惠国待遇，扫除了中国加入WTO的主要障碍。从5月轰炸使馆事件到11月达成关于中国加入WTO的谈判，中美关系又一次走出低谷，这也说明双方共同的经济利益是驱动中美关系的主要力量，在共同利益面前双方有动力克服各种矛盾与障碍，将中美关系往积极方向发展。中国在2001年顺利成为WTO成员方之一，中美两国双边贸易和投资迅速增长。根据美方统计数据，双边贸易额从2001年的1 286亿美元，增至2016年的5 786亿美元，15年保持年均10%的增长速度。

2001年乔治·沃克·布什（George Walker Bush）（小布什）当选美国总统之后，起初明确地把中国视为主要的潜在威胁，他将克林顿任期内确立的中美战略伙伴关系束之高阁，重新将中国确立为挑战美国的"战略竞争对手"。但在军事上强调中国是潜在威胁的同时，小布什政府却并不想破坏中美之间的经贸关系。由于发生了"9·11"事件，恐怖主义袭击美国本土，小布什政府不得不将重心转移到反恐战争上。出于地缘政治的考虑和恐怖主义对中国本身的威胁，中国对美国的反恐战争坚定支持。中美因此加大了反恐合作，直到2011年美国海豹特种部队在巴基斯坦境内成功击毙基地组织头目本·拉登，中美成为全球反恐怖主义的同盟者。反恐战争使美国意识到在处理国际事务中离不开中国的支持，美国（短期内）不再将中国视为"战略竞争对手"，而是"利益相关者"。

2007—2009年间，美国次贷危机演变成全球性经济危机，危机之后美国经济复苏缓慢。中国作为世界经济增长的主要动力，对美国和全球经济的复苏至关重要。2005年以来，中美设立定期高层对话机制（美中战略对话、美中战略与经济对话），讨论包括双边、地区和全球的安全与经济议题。因此，21世纪以来中美关系虽然是"同床异梦"，美国的"中国威胁论"也不绝于耳，但为了反对全球恐怖主义和解决全球性经济危机，中美不得不携手合作。但换个角度讲，这两个共同威胁也掩盖了中美的差异和矛盾，当潮水退却时，中美的矛盾也必将显现出来。

从美国保守派的角度来看，反恐战争和次贷危机给了中国将近15年的时间来促进经济增长、缩小中美实力差距。2011年奥巴马总统提出"重返亚洲战略"，其中一个重要的举动就是推动跨太平洋伙伴关系协议（TPP）谈判，目的就在于增强美国在亚太地区的领导力，遏制中国在亚太地区的影响力。然而，奥巴马的重返亚洲战略并没有财政预算支持，TPP也未能在他任内签署协议，反而被特朗普在上台后第一天就否决了。

中美近40年的战略合作对我们把握未来的中美关系具有重要的意义。第一，中国经济增长奇迹离不开中美合作创造的和平的国际环境。第二，与美国的合作帮助中国比较顺利地从计划经济转向市场经济。中国加入WTO是中国融入以美国为首的西方发达国家在第二次世界大战后建立的国际经济贸易秩序的重要一步，它促进了中国对外贸易的高速增长，帮助中国成为吸引外商直接投资最多的国家之一，一跃成为"世界工厂"和全球产业链的三大枢纽之一。第三，中美合作是在共同利益和双赢的基础之上进行的。在过去40年，美国在应对冷战、反恐、金融经济危机、国际事务和经济贸易投资等诸多方面都需要中国的支持，而中国在实施改革开放、保持经济增长、融入国际经济金融秩序等方面则需要美国的合作。两国的长期合作不仅为两国人民带来好处，也为维护世界和平、消除贫困和促进经济增长做出了巨大贡献。因此，中国在过去、现在、未来都应该尽量维持与美国的战略合作关系。

但是，保持中美长期合作并不是件容易的事情。原因在于，第一，由于中美之间存在意识形态、制度、经济、文化、军事等多方面的不同利益诉求，矛盾和冲突在所难免。第二，最重要的是，由于中国人口是美国的四倍多，即使人均收入仅达到美国的一半，中国经济总量也将是美国经济总量的两倍多。两国的长期合作有利于中国经济进一步增长，但这必将威胁到美国世界超级霸主的地位。这一著名的"修昔底德陷阱"——新崛起的大国对现存大国的挑战，是中美维持战略合作关系的最大障碍。因此要维护两国间积极合作关系不仅需要双方最大限度地求同存异，还需要两国领导人极大的智慧。但正如尼克松早在1967年说过"我们无法承担将中国永久性排除在国际大家庭之外"[1]，中国也无法承担将美国排除在外的后果。

3. 特朗普政府对华政策

特朗普上台以来的对华政策，毫无疑问，动摇和破坏了过去近40年的中美战略合作的关系。战略上，特朗普上台后的首份《国家安全战略报告》将中国确定为"战略竞争对手"和美国主要的威胁。军事上，特朗普政府强调中国在南海的威胁。而台湾问题一直是中国政府最为敏感的底线，也是中美长期合作的先决条件之一。以前的美国总统一直在台湾问题上恪守一个中国政策，在处理台湾问题上非常谨慎。但2018年3月，特朗普签署《台湾旅行法》（*Taiwan Travel Act*），以促进与台湾的高层级交往。2018年8月，蔡英文过境美国，在洛杉矶和休斯敦会见了共和党与民主党国会议员，激起了中国政府的强烈反对。经济上，特朗普政府对中国发起大规模的贸易关税战，针对中国的高端制造业，并且对中国对美投资特别是对高科技行业投资进行严格审查。而中国也被迫采取"以牙还牙"的关税报复策略，双方的矛盾进一步激化。特朗普政府已经决定将自中国进口的2000亿美元商品从2018年9月24日起征收10%的关税，而且威胁如果中国继续报复，他将对剩下2600多亿美元自中国进口商品也征收关税。相比之下，1989年春夏之交的政治风波虽然导致美国对中国的制裁，但美国并没有取消中国的贸易最惠国关税待遇。因此，目前来看，中美贸易冲突不是短期内能够解决的事情，2018年很可能是中美关系变局之年，双方战略合作的可能性下降，战略竞争的格局越来越明显。

对于2018年中美关系的急转而下，一开始中国是准备不足的。2017年11月特朗普访华三天，中美两国企业在两场签约仪式上共签署合作项目34个，金额高达2500亿美元，创下了中美经贸合作史上的纪录，也刷新了世界经贸合作史上的新纪录。中国的政治和经济精英们普遍认为，商人出身的特朗普会更加关注商业利益，因而会对中国更加友好。因此当美国301调查裁定中国"侵犯"知识产权，并宣布将对从中国进口的包括高科技产品在内的500亿美元的商品征收25%的关税时，中国国内普遍认为这只是特朗普的一种谈判要价策略，而不会真的发动贸易关税战。然而，局势的发展远超乎大家的想象，不仅中美贸易冲突持续升级，而且中美矛盾有逐渐向军事、人权扩展的势头。中国对于美国对华政策转变的估计不足，在这个关键时期，我们有必要换位思考，真正弄清美国对华政策发生转变的原因，以便制定正确的对策。

2018年10月4日，美国副总统迈克·彭斯（Mike Pence）在著名的哈德森研究所发表演讲，阐述美国对华政策的反思和变化。彭斯在演讲中对中国的诸多政治、经济、军事政策提出了罕见的严厉批评。他开门见山地讲："我今天来到这里，是因为我们应该让美国人民知道，正如我们所说，北京在采用举国体制，用政治、经济和军事工具以及宣传攻势在美国推进其影响和谋求它的利益。"[2] 不少媒体将彭斯的这一演讲与1946年英国前首相温斯顿·伦纳德·斯宾塞·丘吉尔（Winston Leonard Spencer Churchill）在美国富尔顿城威斯敏斯特学院发表的预示着20世纪美苏两大阵营冷战开始的"铁幕"演说相提并论。彭斯的演讲表明本届美国政府已经将中国设定为"国家资本主义"的发展模式，而且正对以美国为代表的"民主自由"的资本主义模式形成挑战。彭斯的演讲，揭示了美国对华政策发生转折的三大原因。

首先，美国对中国没有走上西方政治民主化的道路感到失望。特朗普政府认为过去40年美国政府对中国的发展过于乐观。之前美国对华战略可以说是一种"收敛"战略：中国经济增长所带来的生活水平向着美国收敛的同时，中国的政治经济制度也将自然而然地收敛到美国的模式。然而，历经40年的改革开放，中国虽然在经济上实现了增长奇迹，人均收入稳步上升向美国靠近，但基本的政治制度和框架并没有向美式民主靠近。因此，美国的失望自是不言而喻的。

其次，美国人认为，随着中国国力的上升，中国的政治经济体制日益成为一种发展模式，对美国领导的西方民主政治和市场经济体制形成挑战与威胁。欧美国家一直批评中国政府对经济的严重干预，国有经济规模占比过高，所以不愿意承认中国的市场经济地位。在2001年中国加入WTO时，由于中国经济体量较小，在世界经济和贸易这一巨大的市场中，中国的企业包括国有企业都相对较小，难以影响国际市场，因此政府干预经济和国有企业的问题并不突出，而且正如前面所说，欧美国家认为中国能在发展过程中解决这些问题。但如今却完全不同。2018年《财富》（*Fortune*）世界500强里中国公司共有120家，非常接近美国的126家，远超第三位的日本52家。但大部分上榜的中国公司是国有企业，比如排名前五的公司里有三家中国企业——国家电网、中石油和中石化，全部都是国有企业。当前，中国的企业在国际市场上已经具有举足轻重的地位，和发达国家的跨国公司竞争愈加激烈，并对它们形成了威胁和挑战。因此，发达国家特别是美国，对中国的模式越来越不满。彭斯的演讲也毫不掩饰地批评了中国政府的关税和非关税壁垒、补贴政策。

最后，出于地缘政治的考虑，美国对于中国在太平洋日益增长的影响力感到担忧。"9·11"事件以来，美国的战略重心在中东地区，一度无暇顾及亚太地区。目前来看，反恐战争随着本·拉登被击毙和ISIS（伊斯兰国）的衰落已经告一段落，因此美国将战略重心转向亚洲。随着中国在亚太地区影响力渐长，中国毫无疑问成为美国战略重心重返亚洲的首要针对目标。

2018年，在中国纪念改革开放40周年之际，中美战略合作关系却面临着发生重大转变的危险。中美走向战略竞争还是战略对抗，不仅考验着中美两国领导人，也考验着刚刚走出全球性经济危机的世界经济。在2018这个变局之年，中美关系犹如在海上转圈的"飞马峰号"，不知未来的路该何去何从，如同历史上的1972年，中美两国又一次走到了历史的分水岭。2018会是一个大分歧的新冷战时代的开始，还是柳暗花明之后中美掀开携手合作的新篇章？我们拭目以待。

（本章和接下来两章的精简内容曾发表于《清华金融评论》，2018年7月。）

第 2 章　修昔底德陷阱

二百多年前拿破仑曾说过，中国是一只沉睡的雄狮，一旦醒来，整个世界将为之颤抖。今天，世界开始担心中美两国陷入"修昔底德陷阱"（Thucydides's Trap）——一个新兴大国对守成大国的挑战将导致双方走向战争。

修昔底德陷阱是哈佛大学肯尼迪学院首任院长格雷厄姆·艾利森（Graham Allison）教授提出的以古希腊大历史学家修昔底德（Thucydides）命名的理论。修昔底德在他著名的《伯罗奔尼撒战争史》（*History of the Peloponnesian War*）一书中阐述了大国关系的一个核心思想：新兴大国随着其力量的增长，必然会向老牌的守成大国发起挑战，而守成大国会为了维护其统治地位而全力打压新兴大国的崛起势头，甚至发动战争。他认为发生在公元前 431 年至 404 年间的伯罗奔尼撒战争，正是源于"斯巴达对雅典势力增长的恐惧"。

在艾利森教授 2017 年出版的的著作《注定一战：中美能避免修昔底德陷阱吗？》（*Destined for War: Can America and China Escape Thucydides's Trap?*）中，他指出，当今世界的头号强国美国和正在迅速崛起的中国正面临着古希腊的斯巴达和雅典之间类似的困境。[3] 当今世界秩序是第二次世界大战后由美国主导建立的，以西方民主政治三权分立架构、开放的市场经济和多边国际合作为基础。而中国则是唯一一个保留了五千年文明的国家，有着独特的社会主义政治架构和国家主导的经济体系。因此，中国过去 40 年的迅速崛起，让美国不得不担忧和恐惧中国对美国统治地位和第二次世界大战后世界政治经济秩序的挑战。中美贸易冲突，会是双方滑向修昔底德陷阱的第一步吗？

冰冻三尺非一日之寒，中美贸易冲突的根源，远远超越了两国之间的贸易失衡。本章我们主要讨论中国的崛起导致了中美在经济、贸易和科技创新等领域的差距缩小，以便我们更好地理解中美贸易冲突爆发的历史和现实背景。中美实力差距的缩小意味着第二次世界大战以后世界经济格局的一次重大变化，它对现有的世界经济政治秩序和格局造成了深远但还未确定的冲击。中美贸易冲突就是在这样一个"冲击已来，但我们都还没有准备好"的时间点爆发了。

1. 中美经济实力对比

第二次世界大战以后，美国成为世界上政治、经济、军事实力最强的国家，而中华人民共和国在1949年成立之后百废待兴，而且很长一段时间里经济增速低于美国。如图2.1所示，根据世界银行以2010年不变价美元计算的数据，1960年美国的GDP高达3万亿美元，占世界总产出的27.5%，而中国GDP只有美国GDP的4.2%，直到1978年，这一比例仍然只有4.6%。改革开放之后，中国经济开始起飞，1978—2017年年均GDP增速高达9.5%，40年内中国摇身一变已经成为世界第二大经济体。2017年美国占世界GDP的比重下降到21.6%，而中国占世界GDP的比重则上升到12.7%，中国和美国的GDP之比也上升到58.8%。尤其是最近十年，中美经济增速的差异更加明显。由于美国经历了2008—2009年的金融危机和长达十年的缓慢复苏，而中国虽然增速下滑，但仍然保持了相对高速的经济增长，中国和美国的GDP之比从2006年到2017年几乎翻了一倍。中国经济实力迅速上升，超过日本和德国成为世界第二大经济体，这一世界经济格局的变化，是美国的政治精英们对中国的心态从友好转向警惕的根本原因。

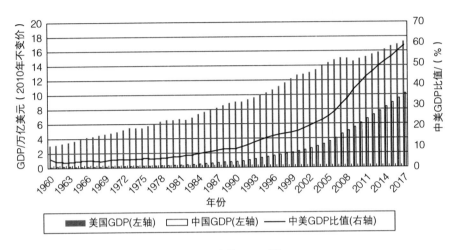

图2.1 中美GDP对比

数据来源：世界银行世界发展指标（World Development Indicators）数据库。

中国的人口数量是美国的四倍多，因此中美两国人均GDP的差距会

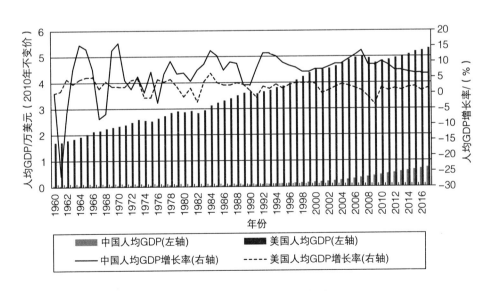

图2.2 中美人均GDP及其增长率

数据来源：世界银行世界发展指标（World Development Indicators）数据库。

比总量 GDP 的差距大，但中美两国的人均 GDP 差距也在不断缩小。如图 2.2 所示，根据世界银行数据（2010 年不变价美元计算），改革开放之初，美国的人均 GDP 是中国的 92.6 倍；"入世"的 2001 年，美国的人均 GDP 是中国的 23.6 倍；2017 年，中美两国的人均 GDP 分别为 7 329 美元和 53 128 美元，美国人均 GDP 为中国的 7.25 倍。短短 39 年，中美人均 GDP 差距从 92.6 倍缩小到 7.25 倍，同时中国人均 GDP 增长率仍然保持在远高于美国人均 GDP 增长率的水平。

中国经济增长的源泉来自哪里？经济学家常用增长核算（Growth Accounting）的方法将经济增长的源泉分解为物质资本、劳动力、人力资本和全要素生产率。全要素生产率衡量的是一个经济体的生产效率，包括技术进步、要素配置的效率、制度改革释放的红利，等等。很多人认为中国经济增长是靠投资驱动的，包括诺贝尔经济学奖获得者保罗·罗宾·克鲁格曼（Paul R. Krugman）。1994 年他曾发表一篇短文《亚洲奇迹的神话》(*The Myth of Asia's Miracle*)，认为亚洲的经济增长主要来自要素的投入而不是创新和生产率。[4] 但多伦多大学朱晓东教授的最新研究表明，在 1952—1978 年间中国经济增长主要是靠要素投入推动的，尤其是物质资本和人力资本积累，而在改革开放之后到 2007 年间，主要的驱动力量则是全要素生产率。[5] 经济学界使用大量的微观企业数据也表明，在加入 WTO 以后，中国企业生产率的提高非常明显而且迅速。中国的经济增长奇迹与中国的全球化进程紧密相关，下面我们来比较一下中美的对外贸易和投资情况。

2. 全球化下的中国与美国

与 GDP 增速相比，中国的全球化步伐迈得更快。1978 年中国在国际市场上基本上是个无名小卒，然而如今中国不仅已经成为世界上最大的贸易国,还成为世界工厂,在全球产业链上与美国和德国形成了三足鼎立的格局,中、美、德分别成为亚太、北美和欧洲三大产业链的枢纽和中心,而且中美的贸易格局也开始从符合比较优势的产业间贸易逐渐转向由科技水平决定的产业内贸易。

首先来看中美的货物与服务贸易进出口总额的增长趋势。在改革开放之初,中国的贸易量非常小,1982年货物出口总额为211亿美元,服务出口总额为25亿美元,到2017年中国的货物和服务出口总额分别增至22 164亿美元和2 064亿美元,分别增长了104倍和82倍(见图2.3)!特别是在加入WTO之后,中国的货物和服务出口开始呈现指数级增长,到2008年货物出口总额历史上第一次超过美国,2013年中国的货物与服务出口总额超过美国,成为世界第一大出口国。2017年中国货物出口总额已经是美国的1.42倍,但中国的服务贸易出口与美国仍有一定差距,2017年中国服务贸易出口总额只有美国的1/4。中国进口增长的趋势也类似,从加入WTO时一个无足轻重的经济体,短短十几年中国已经成长

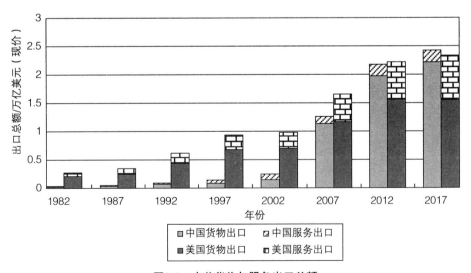

图2.3 中美货物与服务出口总额

数据来源:世界银行世界发展指标(World Development Indicators)数据库。

为世界第二大的进口市场（见图2.4）。中国在货物贸易上一直保持着顺差，而在服务贸易上存在逆差。美国则正好相反。这一贸易结构与两国的经济结构也非常一致，美国是服务业占主导地位，而中国是制造业比例最高，服务业相对比例较小。中国对货物出口的依赖程度也与日俱增，货物出口总额占GDP的比重在过去的半个世纪里从不到5%增长到2016年的20%，在2008年金融危机之前曾一度达到36%。但金融危机之后，中国对货物出口的依赖度快速下降，2016年回到20%左右。

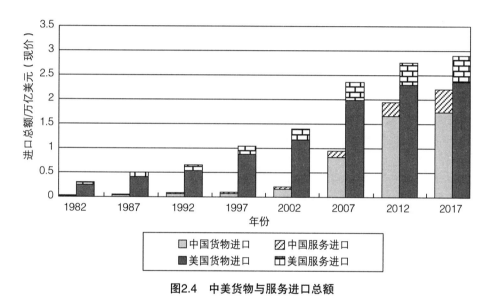

图2.4　中美货物与服务进口总额

数据来源：世界银行世界发展指标（World Development Indicators）数据库。

从贸易伙伴来看，2015年以中国为最大进口国的国家和地区有50个，将中国作为最大出口市场的国家和地区有18个，相比而言，以美国为最大进口国的国家和地区有22个，将美国作为最大出口市场的国家和地区有38个。这与中国出口远高于进口而美国正好相反的事实一致。这说明相比美国，有更多的国家和地区依赖中国制造的产品，而美国的优势就在于其巨大的市场。

20世纪80年代以来,中国的FDI(FDI)流入流出规模也呈现上升的趋势。如图2.5所示,中国2011年FDI流入额高达2 574亿美元,一度超过美国成为世界最大的吸引FDI流入的国家。虽然最近几年外资流入规模有所下降,但中国仍然是对外资最具吸引力的新兴市场之一。2008年全球性金融危机之前,中国在世界其他国家和地区的直接投资非常少,但在之后的十年内规模迅速上升,2016年中国对外投资已经高达2 164亿美元,相比之下,美国同期对外直接投资为3 116亿美元。在过去40年里的绝大部分年份,中国的FDI流入都高于流出,能够成功吸引大规模的可持续的FDI,是中国迅速成为"世界工厂"的关键。

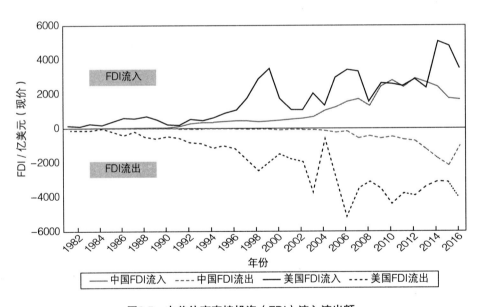

图2.5 中美外商直接投资(FDI)流入流出额

数据来源:世界银行世界发展指标(World Development Indicators)数据库。

中国对外贸易的迅速扩张要归功于多个因素。首先是实施大规模的贸易自由化措施,包括降低关税、减少配额等非关税壁垒。中国的平均进口关税从20世纪90年代初的高达40%下降到2016年的8%左右。最重要的是 2001 年加入 WTO，使得中国的产品能以最惠国关税水平出口到全部 WTO 的成员方。

其次，大力吸引 FDI。20 世纪八九十年代中国主要是鼓励中外合资合作企业，但在加入 WTO 之后，中国放宽了制造业内外资的股比限制，鼓励外商独资企业。外商独资企业对中国迅速成为世界工厂起到了举足轻重的作用。2008 年全球性金融危机之前，加工贸易在中国的出口中曾经长期占据半壁江山。而外商独资企业在 20 世纪 90 年代初期只占加工贸易出口的不到 20%，到了 2006 年这一数字上升到了 80% 左右，而且外商独资企业主要是在技术密集型行业如机电产业。

最后，放开市场准入，允许私营企业进入制造业领域。在中国的出口企业中，私营企业和外资企业是主力，国有企业出口占比非常低。放开市场准入使得中国私营企业能够发挥比较优势，生产劳动力密集型产品，占领国际市场。放开市场准入是一个渐进的过程，一开始是在经济特区试点，然后逐步由点到面，推广到沿海开放城市，中国加入 WTO 后制造业准入在全国范围放开。

中国推动贸易和投资自由化的进程使得中国与世界经济日益整合在一起。经济全球化使得生产得以在世界范围内分工，这意味着现代社会的国际货物贸易不再局限于简单的酒和丝绸等最终产品的交换，也有复杂的产业内不同中间产品的交易。目前全世界的国际货物贸易 2/3 都是中间产品交易。因此，衡量一国在国际贸易体系里的地位，不仅要看它的贸易量，还要看它在全球价值链中的地位。

我们根据经济合作与发展组织（OECD）与 WTO 联合建设的全球价值链与贸易增加值数据库(TiVA)提供的各国和地区出口的增加值(Domestic Value Added Embodied in Gross Exports) 指标绘制了 1995 年和 2011 年全球价值链的主要国家和地区分布图。通过对比图 2.6 和图 2.7 可以发现：全球价值链由北美、欧洲和亚太地区三大区域网络组成，而各个区域价值链网

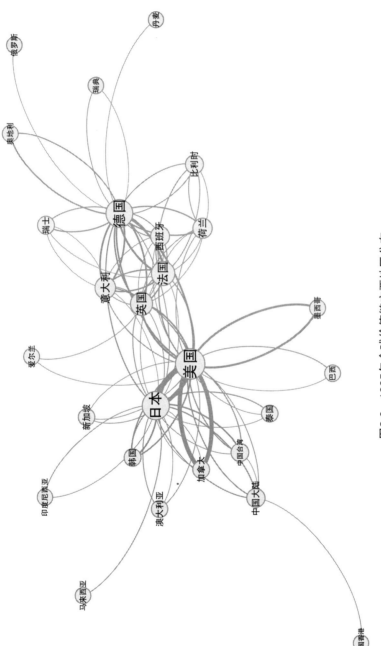

图2.6 1995年全球价值链主要地区分布

注：圆圈面积越大表明该国（地区）参与价值链的贸易增加值越大，圆圈面积越小表明该国（地区）参与价值链的贸易增加值越小。图中选择了贸易增加值最高的前100条双边贸易。

数据来源：全球价值链与贸易增加值数据库（TiVA）。

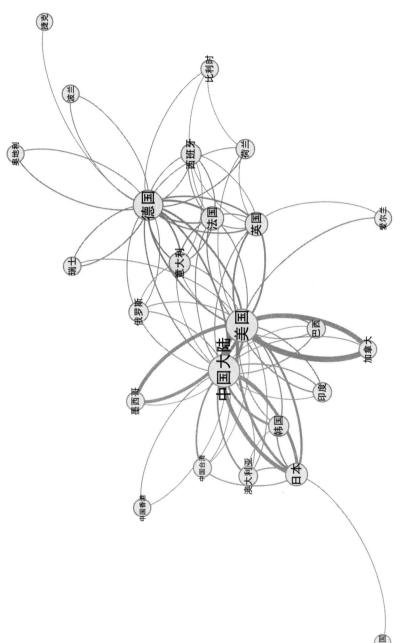

图2.7 2011年全球价值链主要地区分布

注：圆圈面积越大表明该国（地区）参与价值链的贸易增加值越大，圆圈面积越小表明该国（地区）参与价值链的贸易增加值越小。图中选择了贸易增加值最高的前100条双边贸易。

数据来源：全球价值链与贸易增加值数据库（TiVA）。

络由各自的中心国和地区紧密联系周边各国和地区。北美价值链主要由美国、加拿大、墨西哥组成，欧洲价值链主要包含德国、法国、英国、意大利、西班牙、比利时，亚太价值链涵盖日本、中国大陆、韩国、澳大利亚、新加坡、中国香港、中国台湾。这个格局从 1995 年到 2011 年都没有明显变化。1995 年到 2011 年最重大的变化是中国取代日本成为亚太价值链的枢纽，与分别以美国和德国为中心的北美和欧洲价值链网络形成三足鼎立之势。而且，中美所在的亚太和北美价值链之间的联系比它们与欧洲的价值链联系更加紧密。主要原因在于以中国为中心的亚太价值链以制造业为主，而美国则是最重要的研发基地和销售市场，且欧洲价值链则相对独立。由此我们可以看出，目前中国已经在全球价值链中占据重要的一席之地，而且与其他国家和地区联系非常紧密。中美之间的关税战，也将会通过价值链传递到其他国家和地区的公司。

我们以华为为例来看一下产业链对中国和世界其他经济体的深度整合。华为是深圳一家生产通信设备的通信科技公司，2017 年华为在通信设备的市场份额超越爱立信，成为世界第一，同年华为智能手机的全球市场份额排名第三，仅次于三星和苹果。2018 年，华为在深圳召开核心应用商大会，公布的核心供应商就有 92 家。其中美国厂商共 33 家，包括英特尔、美光、高通、甲骨文、微软、博通等著名高科技公司，它们为华为提供芯片、云计算、存储、软件等方面的产品和服务。中国大陆厂商 22 家，中国台湾厂商 10 家，日本厂商 11 家，德国厂商 4 家，另外还有 12 家其他国家和地区的厂商。华为推出的三款手机 Nova 3、Nova 3i 和 Mate 20 系列处理器均由台积电独家代工。韩国三星集团为华为提供 OLED 屏幕及内存/闪存产品，日本索尼公司提供手机摄像头及相关模组，而富士康则为华为手机、平板电脑代工。因此，华为的产品已经不是纯粹的中国制造，而是名副其实的世界制造了。

现今中国的出口产品结构已经显著地不同于 1979 年中美两国建交和

中国加入WTO的时候。1999年美国同意支持中国加入WTO时，主要考虑到中国拥有丰富而便宜的劳动力，因此中国不仅可以出口低廉的劳动力密集型产品到美国，也可以为美国跨国公司的中国分公司提供充足的劳动力，同时美国还可以向中国出口大量的资本和土地密集型产品，如飞机、汽车和大豆等农产品。然而这种以要素禀赋为比较优势来源的产业间中美贸易格局，随着中国技术水平的不断上升和资本的积累，已经演变成以技术为主要决定力量的产业内不同产品间的贸易格局。根据海关统计数据，2017年中国机电产品出口8.95万亿元，增长12.1%，占中国出口总值的58.4%。其中，汽车、计算机、手机出口分别增长27.2%、16.6%、11.3%。同期，传统劳动密集型产品合计出口3.08万亿元，增长6.9%，仅占出口总值的20.1%。

图2.8列出了中美两国双边贸易商品结构。2017年中国对美国的货物出口为4 131亿美元，电机、电气设备及录音机等和核反应堆、锅炉、机械器具占了46.4%。传统的中国具有比较优势的劳动力密集型产品如

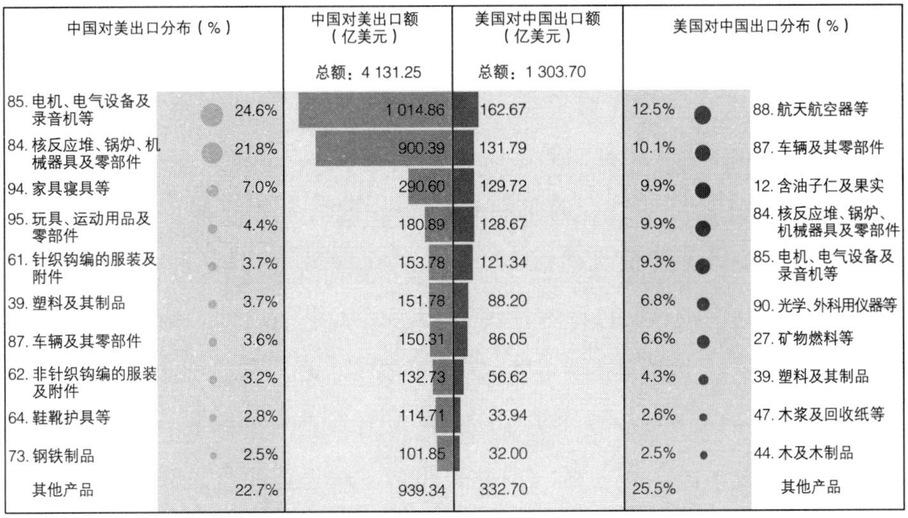

中国对美出口分布（%）		中国对美出口额（亿美元）总额：4 131.25	美国对中国出口额（亿美元）总额：1 303.70	美国对中国出口分布（%）	
85.电机、电气设备及录音机等	24.6%	1 014.86	162.67	12.5%	88.航天航空器等
84.核反应堆、锅炉、机械器具及零部件	21.8%	900.39	131.79	10.1%	87.车辆及其零部件
94.家具寝具等	7.0%	290.60	129.72	9.9%	12.含油子仁及果实
95.玩具、运动用品及零部件	4.4%	180.89	128.67	9.9%	84.核反应堆、锅炉、机械器具及零部件
61.针织钩编的服装及附件	3.7%	153.78	121.34	9.3%	85.电机、电气设备及录音机等
39.塑料及其制品	3.7%	151.78	88.20	6.8%	90.光学、外科用仪器等
87.车辆及其零部件	3.6%	150.31	86.05	6.6%	27.矿物燃料等
62.非针织钩编的服装及附件	3.2%	132.73	56.62	4.3%	39.塑料及其制品
64.鞋靴护具等	2.8%	114.71	33.94	2.6%	47.木浆及回收纸等
73.钢铁制品	2.5%	101.85	32.00	2.5%	44.木及木制品
其他产品	22.7%	939.34	332.70	25.5%	其他产品

图2.8　2017年中美双边贸易商品结构（海关HS编码）

数据来源：中国海关数据。

服装、家具、玩具、鞋类产品已经不再占主导地位。2017年美国对中国货物总出口为1 303亿美元，主要出口产品还是三大件：飞机、汽车和大豆，加起来占到美国对中国总出口的1/3。电机电气设备、机械器具和光学医疗仪器加起来贡献了另外的1/4对中国出口，这说明中美之间存在大量的产业内不同产品贸易，中美经济关联非常密切而且相互竞争激烈。

3.《财富》世界500强

企业代表着一个经济体的竞争力。中国经济的迅猛增长伴随着大量优秀企业的涌现，而且企业的规模也越来越大。根据《财富》杂志公布的世界500强榜单，1996年中国只有4家公司上榜，而美国有153家公司。2018年中国有120家公司上榜，是2001年的十倍之多，已经非常接近美国（126家），远超第三位的日本（52家）。2018年上榜的中国企业既有大型国有企业如中石油、中石化和四大国有银行，也包括华为、腾讯、阿里巴巴和吉利等处于技术和资本密集型产业的私有企业。

《财富》世界500强榜单于1995年起同时包括工业企业和服务型企业，从图2.9中国、日本、美国三国上榜企业数的趋势可以看出，美国上榜企业数在2002年达到峰值（198家），随后开始下降。不过在2018年公布的榜单中，美国仍然以126家上榜企业数位列第一。相比之下，1996年上榜141家企业的日本，尽管还在"三甲"之列，但下降趋势更加明显。中国从1996年的4家到2018年的120家，从占500强榜单席位的不足1%，到占500强榜单席位的24%，其大企业的增长速度无疑是全球第一。从图2.10中所示的《财富》世界500强企业收入规模来看，中国虽然与美国仍有一定差距，但增长速度非常惊人。需要指出的是，中国的上榜企业大部分是国有企业，私有企业的实力和规模还有待增强，另外中国上榜企业的利润率显著低于美国企业。

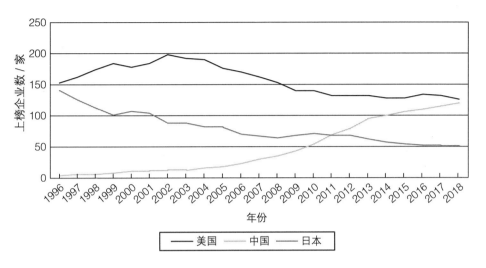

图2.9 《财富》世界500强中国、日本、美国上榜企业数

数据来源：《财富》官网，http://fortune.com/global500/。

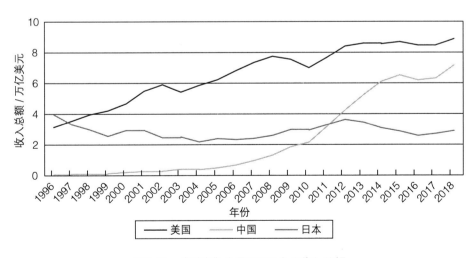

图2.10 《财富》世界500强企业收入总额

数据来源：《财富》官网，http://fortune.com/global500/。

4. 中美科技差距

"科学技术是第一生产力",科技实力是国家持续发展的原动力,也是"中国制造"转向"中国智造"的关键。在过去的40年里中国加大了对科技研发的投入,并取得了举世瞩目的成绩,与美国的差距在不断缩小。

中国每年专利增量已经超过美国。根据世界知识产权组织(WIPO)的定义,(工业)知识产权包括发明专利、商标、外观设计和地理标志,其中与科技实力联系最紧密的是发明专利。根据WIPO数据,如图2.11所示,2000年以来中国的发明专利授权量增长迅猛。到2015年,中国的专利授权量开始超过美国[1],成为当年世界上专利授权量最多的国家。2016年中国专利授权量约为32.2万件,超过日本(28.9万件)和美国(27.7万件)。需要指出的是,中国的专利授权量基本是在中国本土,海外的专利授权量相对很小,而日本和美国将近一半的专利授权来自海外(见图2.12)。

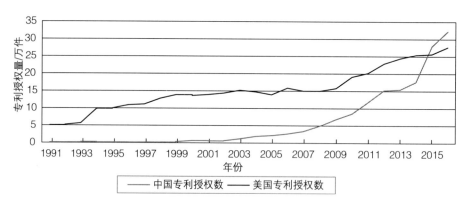

图2.11 中美发明专利授权量

数据来源:世界知识产权组织(WIPO)。

---

[1] 这里定义的国家专利授权量是按申请者所属国(by origins)确定,而非专利申请所在地(by offices)。

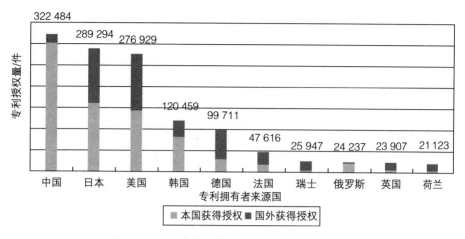

图2.12　2016年发明专利授权量排名前10的国家

数据来源：世界知识产权组织（WIPO）。

美国国家科学基金会（National Science Foundation, NSF）最新发布的《科学与工程指标2018》（*Science and Engineering Indicators 2018*）报告显示，中国在科学和工程领域的同行评审学术期刊中发表论文数量也稳步上升，占世界论文总数的比例从2006年的12.1%升至2016年的18.6%，而同期美国占比从24.4%降至17.8%，中国跃居第一。不过美国仍然在高引用率论文的数量上领先。

中国科研实力的上升与中国在科技研发（R&D）领域的投入增加紧密相关。如图2.13所示，2015年，中国研发总支出为4 088亿美元，超越欧盟成为仅次于美国的第二大国家。同时，中国科技研发支出的增速远远高于美国，2015年中国的研发支出是2000年（330亿美元）的12.4倍，而同一时期内，美国的科技研发支出只增长了约85%。若按科技研发支出年均增长率来看，中国2000—2010年平均增长率为20.5%，2010—2015年平均增长率为13.9%；美国2000—2010年平均增长率为4.3%，2010—2015年平均增长率为4.0%。从2000年到2015年，中国研发总支出增长了3 758亿美元，占全球研发总额增长（1.196万亿美元）的31.42%，而同期美国研发总支出增长了2 280亿美元,占全球研发总额增长的19.06%,欧盟研发总支出增长了2 030亿美元,占全球研发总额增长的16.97%。

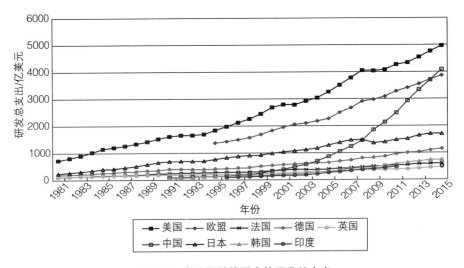

图2.13 中美及其他国家的研发总支出

数据来源:美国国家科学基金会(NSF)"科学与工程指标2018"(Science and Engineering Indicators 2018)。

研发支出占GDP比重常被用来衡量国家对科技研发的重视程度。如图2.14所示,中国研发支出占GDP比重增长明显。从1996年的0.56%上升到2015年的2.07%,中国研发支出所占比重翻了两番,而美国研发支出占GDP比重稳定在2.5%上下,因此中美研发支出占GDP比重的差距显著减小。但与韩国将超过4%的GDP投入研发来比,中国研发支出占GDP比重还有不小的提升空间。

从图2.15可以看出,中国为其研究人员提供的科研经费也在平稳上升。2015年,中国研究人员人均研发支出超过韩国与欧盟,基本与日本持平。2000年中国研究人员人均研发支出仅为美国的17%,2015年该比例提高到69%。随着中国国内科研环境的改善和科研水平的不断提高,越来越多的海外留学生选择回国发展。中国教育部统计数据显示,

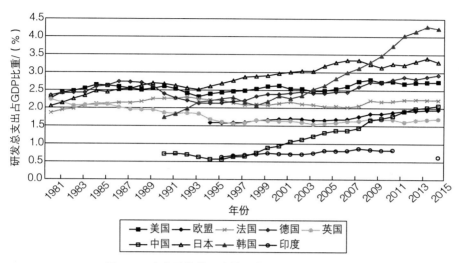

图2.14　中美及其他国家的研发总支出占GDP比重

数据来源：美国国家科学基金会（NSF）《科学与工程指标2018》。

1978—2017年间，中国各类出国留学人员中，313.20万名留学生在完成学业后选择回国发展，占已完成学业留学生人数的83.73%。

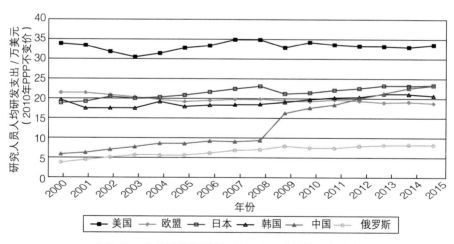

图2.15　中美及其他国家平均每位研究员的研发支出

数据来源：美国国家科学基金会（NSF）《科学与工程指标2018》。

5. 教育水平与人力资本

人力资本的积累不仅是科技创新的源泉，还是推动经济内生增长的动力。中国自从1977年恢复高考以来，在过去40多年里居民受教育水平不断提高，人力资本积累加速，缩小了与美国的差距。1978年中国高等教育的在学总规模为228万人，毛入学率为2.7%，到2017年中国高等教育的在学总规模为3 779万人，毛入学率为45.7%。这里的统计并未包括每年递增的出国留学人数，而2017年中国留学人数已经突破60万[①]。

自1999年大学扩招开始，过去20年间中国高等教育规模迅速扩大。从毕业人数来看，2000年高等教育毕业人数约为177万，2016年已经上升到1 244万[②]，中国一年本专科生、硕士研究生和博士研究生毕业人数已经超过了希腊的人口总数。2016年美国高等教育毕业人数约为390万人，约为中国的1/3。2000—2016年共计17年间，中国高等教育毕业人数共计11 460.4万人次，是同期美国高等教育毕业人数（4 978.5万人次）的2.3倍（见图2.16）。因此从规模上来看，中国拥有极其丰富的人力资本。从高等教育毕业人数占总人口的比重来看，2016年中国为0.90%，美国为1.21%，差距已经不大。

中国海外留学规模也日益庞大。据美国国家科学基金会统计，2016年持有临时签证的美国高校博士学位获得者中，有5 534人来自中国（含中国香港地区），远远超过排在第二位的印度（2 203人）。2016年获得美国博士学位的5 534个中国人中有5 146人取得的是科学与工程学位，比

[①] 人民日报海外版."中国去年出国留学人数首破60万"，http://www.gov.cn/shuju/2018-04/01/content_5278951.htm[2019-08-15]。

[②] 这里对"高等教育"的定义为2011版国际教育标准分类（ISCED 2011）中的5—8级，包括所有公立和私立大学、学院、技术培训机构和职业学校提供的短期或长期的高等教育。

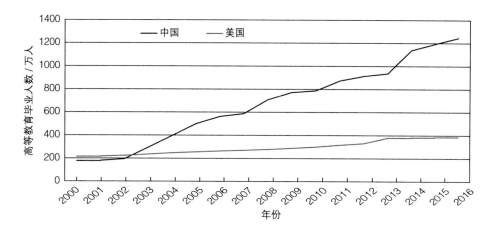

图2.16　中美高等教育毕业人数

数据来源：联合国教科文组织数据库，http://data.uis.unesco.org。

重约为93%。美国是科技强国，大量赴美留学取得科学与工程领域博士学位的高端人才回流中国，有利于中国的科学技术水平不断向世界前沿高端水平靠近。

自从诺贝尔经济学奖获得者、芝加哥大学教授加里·S.贝克尔（Gary S. Becker）提出"人力资本"这一概念以来，人力资本便被内生经济增长理论视为经济增长的源泉。世界银行使用各国家庭调查，用不同教育程度的人群的终身收入来测算人力资本。以2014年不变价美元计算，1995年中国和美国的人力资本分别为25万亿美元和165万亿美元，中国仅为美国水平的15.15%。到2014年，中国人力资本为86.5万亿美元，美国人力资本为244.4万亿美元，中美人力资本比例上升至35.39%（见图2.17）。加拿大多伦多大学朱晓东教授的研究也表明，1978—2007年人力资本积累为中国经济增长贡献了15%。

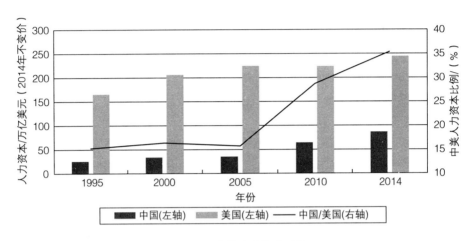

图2.17 中美人力资本对比

数据来源：世界银行 Wealth Accounting。

6. 中国崛起的世界性挑战

经历了40余年的高速经济增长，中国已经毋庸置疑地成为世界经济的重要支撑，在世界舞台上扮演的角色也越来越重要。以上我们对中美经济、贸易、科技、人力资本的对比，并不是想论证中国已经具有挑战美国的实力，而是想表明一个事实：世界经济格局已经发生了根本性的变化，中美经济实力此消彼长，这对现存的世界政治经济秩序提出了第二次世界大战以来前所未有的挑战。虽然亚洲"四小龙"新加坡、中国香港、中国台湾和韩国在第二次世界大战以后也经历了长期的高速经济增长，然而它们的人口和经济规模有限，因此无法对世界政治经济秩序形成挑战。第二次世界大战以后日本经济的腾飞使日本迅速崛起为世界第二大经济体，但日本的政治经济体制与西方民主体制和市场经济体系一致，同时日本还是美国的军事同盟国，因此日本的崛起本质上是加强和扩展了以美国为首的西方秩序。

而中国则不同，中国人口规模是美国的四倍多，如果中国人均收入达到美国的一半，其经济规模将是美国的两倍多。中国的文化是以儒家文化为核心，不同于西方的基督教文明；中国的政治体系是共产党领导的人民民主专政的社会主义国家，中国特色社会主义民主制度也显著不同于西方的民主制度；中国经济体系中国有经济仍然占有相当高的比重，以至于欧盟和美国始终不承认中国的市场经济地位。如何面对如此与众不同的中国这条东方巨龙的崛起？正是格雷厄姆·艾利森教授在他的新书《注定一战：中美能避免修昔底德陷阱吗？》中提出的问题。当中国正在为自己该如何继续适应当今世界政治经济秩序感到困惑时，西方社会亦不知如何来妥善应对中国的崛起。下一章中我们将会分析中国对美国的出口冲击对美国蓝领工人的影响，用这样一个典型例子来说明西方世界正在经历的中国经济和贸易的冲击与挑战：中国对美国的贸易冲击，不仅影响了美国蓝领工人的工作和收入，也使得美国贸易保护主义重新抬头，并间接帮助了特朗普当选美国总统。

从某种意义上来讲，2018年中美贸易战是一场"遭遇战"——崛起中的中国和"美国优先"的特朗普政府，一下子捅破了中美之间貌合神离的窗户纸，把修昔底德陷阱直接抛向世人。下一章我们探讨硬币的另一面——"美国优先"和美国贸易保护主义的重新抬头。

第 3 章　美国优先

现在的米德尔敦市中心就像是美国工业辉煌时期的一处废墟。在中央大道和主街交汇的心脏地带,一眼望去,全是被遗弃的商店和被打破的窗户。

这是詹姆斯·大卫·万斯(James David Vance)在其自传体回忆录《乡下人的悲歌》(*Hillbilly Elegy: A Memoir of a Family and Culture in Crisis*)——《纽约时报》最畅销小说中描绘的他的成长环境,一个位于铁锈地带俄亥俄州的典型工业城市。[6] 这与绝大多数人特别是中国人对美国的印象迥然不同。大部分中国人对美国的印象,不是加利福尼亚州的苹果、谷歌和脸书,就是总部位于纽约的四大投行高盛、摩根士丹利、美银美林和花旗。然而,并不是他们将特朗普送进了白宫总统办公室,让特朗普当选总统的是万斯笔下的失业、酗酒、满嘴脏话、吸毒上瘾、喜欢用拳头解决问题的住在城郊贫困社区的穷困潦倒的白人们和悲哀的乡下人。只有了解这些生活在底层的人们的日常生活和想法,才能理解美国民粹主义的兴起,才能理解为什么特朗普的重振美国经济和"美国优先"的竞选口号为什么会受到众多选民的支持和欢迎。

特朗普的竞选军师、前白宫首席战略师史蒂夫·班农(Steve Bannon)在日本演讲时指出,特朗普革命成功的根源是"美国的劳动阶层和底层人民的生活在过去几十年的倒退。"[7] 随着技术进步、资本替代劳动和

第3章 美国优先

全球化带来的竞争，美国工业就业需求逐渐萎缩，蓝领工人的好工作越来越少，很多作为家庭支柱的男人难以找到足以养活家庭的工作，由此造成文化的坍塌和社区的解体。班农将这一危机称为美国最大的危机之一，而特朗普当选总统正是这一危机的产物。

过去的40年里，当中国经济一路高歌猛进时，虽然收入不平等也在加剧，但绝大部分中国人的生活在改革开放之后得到了明显改善，贫困人口大幅减少。然而同一时间内，美国国内收入不平等日益加剧，跨国公司的全球化生产布局和来自低收入国家和地区的产品竞争，造成了制造业工人特别是蓝领工人的大量失业，同时社会阶层流动性也缓慢下降，让美国梦成了难以企及的梦，由此滋长了民粹主义。中国加入WTO之后对美国的贸易冲击，导致美国传统制造业地区的蓝领工人就业机会减少和收入下降，由此引发了一系列家庭社会问题。

本章将探讨美国从自由贸易的领航人转向贸易保护主义者的时代背景。首先，我们分析美国国内的贫富差距扩大和民粹主义的兴起，这将有助于我们理解特朗普的当选及其经济政策。其次，我们分析中国出口增长对美国蓝领工人造成的冲击，这是特朗普政府贸易保护主义政策针对中国的重要原因。最后，特朗普政府的贸易政策是其"美国优先"思维在对外贸易关系的自然延伸，因此我们总结了特朗普政府为了重振美国制造业所采取的减税政策和贸易保护政策。

1. 美国贫富差距拉大

近半个世纪以来，美国社会的贫富差距正在逐渐扩大。从图3.1可以看出，1970年美国成年人收入最高的1%超级富豪和最穷的50%成年人口在总收入中的比重分别为10.8%和20.1%，到2014年这两个比重几乎逆转：前1%的超级富豪收入占比上升到20.2%，而占成年人口50%的穷人的总收入占比下降到12.5%。如果将这两组美国人的平均收入进行对比,1970年时美国前1%超级富豪的人均收入是收入最低的50%人口的人均收入的25.7倍,而2014年时这一数字上升到80.5倍。如果从更长的历史维度来看,当前美国的收入不平等已经达到1929年大萧条前的水平。更严重的问题是,这两组人的收入差距仍保持着继续扩大的趋势。

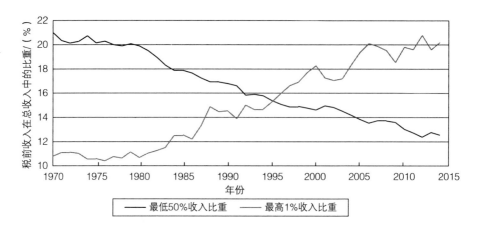

图3.1 美国收入最高的1%超级富豪和收入最低的50%穷人收入比重对比

数据来源:世界不平等数据库(World Inequality Database),https://wid.world/。

2008年金融危机爆发之前,美国收入最高的1%超级富豪的收入占比达到历史最高点的20%,次贷危机使得超级富豪的收入下降相对更多,然而当危机过去,他们的收入反弹也更快,2013年他们的收入占比达到了20.7%,超过2006年水平。而收入最低的那50%穷人,在危机之后他们的收入占比却持续下降。在他们看来,2008—2009年的金融危机正是这些超级富豪和金融精英创造的"次级贷款"及其衍生品带来的。然而政府却因为"大而不能倒"而对这些大型金融机构施以援手,因此低收入人群对民主党和奥巴马政府颇为不满。

美国经济政策研究所的一份报告指出,美国最大的350家公司的总裁(CEO)的收入和公司普通工人的中位数收入比例从1965年的20:1

飙升到2017年的312∶1（见图3.2）。[8] 相比普通工人的薪水收入，总裁的收入包含了薪水、奖金、股票和长期激励（如期权）等。据统计，2017年这350家大公司的总裁平均收入高达1 890万美元，比2016年增长了17.6%，而普通工人的收入才增长了0.3%。人们不禁想问，这么高的总裁-工人收入比，是因为总裁的教育水平高还是他们杰出的能力为公司创造了更多的利润？但是，即使与公司里的其他高管（公司里占比0.5%的最高收入工人）相比，2017年公司总裁的收入也超出其他高管的平均水平五倍有余，这一比例也远高于大学和高中毕业生劳动力的收入比，因此难以用总裁对公司的贡献和受教育程度来解释总裁-工人收入比的飙升。另外，总裁-工人收入比的上升基本上跟薪水和奖金无关，而是与股票和期权等激励措施相关。如此之高的总裁-工人收入比，根源在于工人没有办法分享公司的盈利，而总裁拥有股权可以分享到企业的利润和分红。

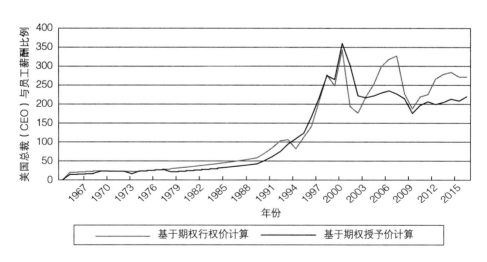

图3.2 美国总裁（CEO）与员工薪酬比例

数据来源：Economic Policy Institute（EPI）-"CEO compensation surged in 2017"，https://www.epi.org/publication/ceo-compensation-surged-in-2017/[2019-5-13]。

图 3.3 显示美国财富的不平等情况更加严重。以 WID 提供的人均净财富来衡量，最低的 50% 成年人净财富很少，接近于零。2008 年爆发的金融危机基本上让他们亏掉了所有的少得可怜的净资产，直至 2014 年之前他们一直处于负资产状态。如果将财富最高 10% 分位点和最高 50% 分位点之间的民众归类为中间 40% 一组，我们可以将这一组看作是中产阶级。可以看到 1970 年和 2000 年前后，中间 40% 组和最高 1% 组的财富占比几乎在同一水平。1970—2000 年间，中间 40% 组的财富比重一直高于最高 1% 组。但从 20 世纪 80 年代开始，中产阶级的财富占比就开始走下坡路，而财富最高 1% 组则开始缓慢增长。进入 21 世纪以来，1% 的超级富豪的财富比重开始明显超越中产阶级，即使 2008 年爆发的金融危机，也没有改变这一趋势。财富越来越集中到 1% 的超级富豪手中，目前超级富豪的财富占比高达 37%，已经接近于大萧条前的水平。

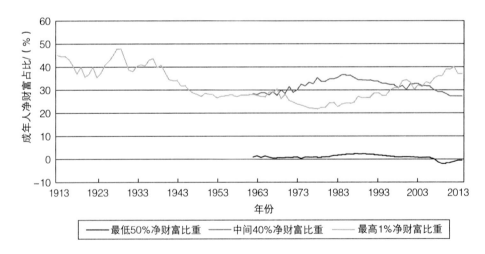

图3.3 美国净财富分布

数据来源：世界不平等数据库（World Inequality Database），https://wid.world/。

第3章 美国优先

法国著名经济学家、巴黎经济学院教授托马斯·皮凯蒂（Thomas Piketty）在他所著的《21世纪资本论》（*Capital in the Twenty-First Century*）中提出，因为资本的回报率高于经济增长率，因此财富必然会越来越集中，财富的不平等也会越来越严重。[9] 皮凯蒂和他的合作者们收集了法国、美国、英国和德国等多个国家最长长达300多年的经济增长、资本回报和收入分配数据，发现资本回报率维持在每年4%~5%，而经济年增长率为1%~2%。按此上限计算，在100年的时间里，有资本的人的财富是开始时的128倍，而整体经济规模只比100年前大8倍。因此，有资本的人在长期将更加富有。所以皮凯蒂认为，贫富差距是资本主义固有现象，财富积累和继承将使得发达国家的贫富差距继续扩大。他的这一发现深深震撼了发达国家的资本主义世界观。因为资本主义精神认为是人们的天赋、才华、教育和个人的努力，帮助人们实现梦想和创造财富，从而推动社会的经济增长。而皮凯蒂的发现则表明资本主义社会本质上是"拼爹"时代，初始财富的积累或父母遗产的继承是收入和财富分配的主要决定因素。

皮凯蒂还发现，在20世纪初，美国的财富不平等低于以法国为代表的欧洲国家的水平，但到了21世纪，这一趋势已经被逆转，美国的财富不平等已经远高于以法国为代表的欧洲国家的水平（见图3.4）。他同时指出，这种贫富差距是难以持续的，而掌握着经济和政治权力的精英们，显然不愿意限制财富的积累和集中，因此如果贫富差距增长到极限，必将成为社会不稳定的因素。

伴随着收入和财富不平等恶化的第一个现象是中产阶级的没落。美国中产阶级家庭的典型代表通常是一个四口之家，丈夫工作养家，贷款供房和车，妻子不工作，在家照顾孩子和家庭。然而，如今这样的美国梦实现起来却愈加艰难。根据美国皮尤研究中心（Pew Research Center）的定义，中产阶级为个人收入相当于总体收入中位数2/3到2倍的人。[10]

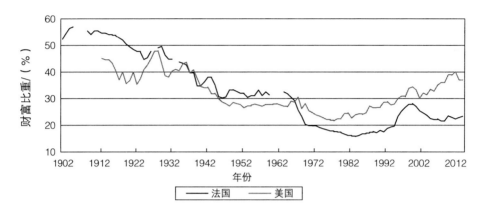

图3.4 美国和法国净财富最高的1%超级富豪财富比重

数据来源：世界不平等数据库（World Inequality Database），https://wid.world/。

根据这个定义，皮尤研究中心统计分析得出：2016年约52%的美国成年人生活在中产阶级家庭，这一比例与2011年的51%基本持平，但比1971年低了近10个百分点。而且中产阶级家庭收入在美国家庭总收入中的比重也从1970年的62%下降到了2014年的43%。部分原因在于高收入家庭的数量增加以及他们的收入上升得更快，同一时期，高收入家庭在美国家庭总收入中的比例从29%上升到了49%。成为中产阶级曾经是《乡下人的悲歌》中万斯家族的理想，然而，万斯是他们家族第一个上大学的人，他的高中同学里没有一个考上常青藤学校的。他的父辈们还有机会在俄亥俄州的阿姆科-川崎公司谋得体面的工作，而他在米德尔敦市的小伙伴们却连这样的工作机会也没有了。

2018年11月，《纽约时报》做了一期"中国：拒绝失败之地"的专题报道，讨论如果两个18岁的孩子，一个在中国，另一个在美国，他们都是贫穷家庭出身，谁更有可能成为向上流动的人。[1]在20世纪八九十年代，答案毫无疑问是美国，然而如今，中国崛起速度如此之快，改善生活的机会远超过美国。哈佛大学拉杰·切蒂（Raj Chetty）教授和他的合作者们利用几十年的美国个人所得税的大数据，发现美国的社会流动性自1940年以来显著下降（见图3.5）。20世纪40年代出生的人到30岁时的收入有92%的概率超过他们父母的收入，而20世纪80年代出生的人则只有50%的概率赚的钱比他们的父母更多。在中西部的工业地区如密歇根州、俄亥俄州、印第安纳州、伊利诺伊州等地，经济流动性下降最为严重。而且切蒂教授和合作者们发现美国梦越来越难以实现，主要的原因不是各地区经济增长率不同，而在于社会分配不公。

图3.5　美国孩子在30岁时收入高于其父辈的比例

数据来源：Opportunity Insights，https://opportunityinsights.org/。

中美两国首脑在2018年阿根廷G20峰会会晤之后，美方公布的双方达成一致的第一条是中国同意将芬太尼列入管制药物，这意味着从中国出口芬太尼到美国将受到法律的严厉惩罚。很多中国人是第一次听说"芬太尼"，也非常惊讶于白宫将这一点放在中美会谈取得成果的头条。然而，美国人特别是低收入群体的药物成瘾已经是一个社会公共安全问题。芬太尼原来是医用止痛药，但也可以使人产生愉悦和兴奋的感觉，药效比海洛因和吗啡都要强得多，价格却低很多，因此成为新一代的毒品之王。据美国疾病预防控制中心（CDC）的统计，美国因服药过量死亡的人数从 2016 年的 63 632 人增加到 2017 年的 70 237 人，按年龄调整后的增幅达到了 9.6%，其中因芬太尼类阿片药物致死的数量在过去几年迅速上升，到 2017 年已经超过因服药过量死亡人数的 40%。[①]《乡下人的悲歌》作者万斯的母亲也药物成瘾，常年受毒品困扰而无法维持婚姻和工作稳定，以致试图自杀以求解脱。这样的生活在美国的穷人们中非常常见，现实生活中找不到好工作、家庭破裂的压力、社区隔离带来的漠视和没有向上流动的可能性，使得他们常常选择服用药物毒品以求心理慰藉，最后药物上瘾严重威胁身心健康。

根据美国普林斯顿大学教授安格斯·斯图尔特·迪顿（Angus Stewart Deaton）和安妮·凯斯（Anne Case）的研究[11]，美国中年白人（45—54 岁）的死亡率在 1999—2013 年间显著上升，每 10 万人死亡人数从 382 人上升到 415 人，逆转了美国中年白人死亡率长期下降的趋势，也显著地不同于美国其他种族和其他发达国家。[12] 这一趋势在受教育程度低（高中及以下）的中年白人群体中更加明显，每 10 万人死亡人数从 601 人上升到 736 人。造成美国中年白人死亡率抬升的主要原因是吸毒、药物上瘾、酗酒和自杀，由此造成的"另类中年危机"被人们称为"绝望的死亡"。美国中年白人是蓝领工人的主要组成部分，迪顿和凯斯认为，美国中年白人的死亡率上升与中产阶级的没落、家庭收入下降、社区隔阂以及社会流动性的下降紧密相关，而毒品和药物更是雪上加霜。

美国贫富差距的扩大有着多方面的结构性因素。美国经济从以工业制造为中心转型为以服务业为主导、技术和资本对劳动的替代、全球化导致的进口替代和跨国公司生产外包、美国的税收体制都扮演着重要的角色。接下来我们重点探讨中国出口对美国工人的冲击，这可以帮助我

---

① Hedegaard, Holly, Arialdi M. Minino, and Margaret Warner, "Drug Overdose Deaths in the United States, 1999–2017", National Center for Health Statistics Data Brief, No. 329, November, 2018.

们理解为什么中国会成为美国贸易政策的主要针对目标之一。

2. 中国贸易冲击

在世界经济史上,也许尚未出现过像中国这样一个大国,在加入WTO的短短七年间,成为世界上最大的制造业出口国。20世纪80年代初期,中国还是制造业国际市场上的无名小卒。2001年时,中国制造业出口占世界制造业总出口的比重约为5%,略高于韩国和英国,但仍远低于美国、日本和德国三大制造业大国。但在之后的六年中,中国迅速超过了日本、德国和美国,一举成为世界最大的制造业出口国(见图3.6)。到2016年,中国制造业出口已经占到全世界制造业出口的18%,而中国的钢铁产量甚至已经占到世界钢铁产量的一半。

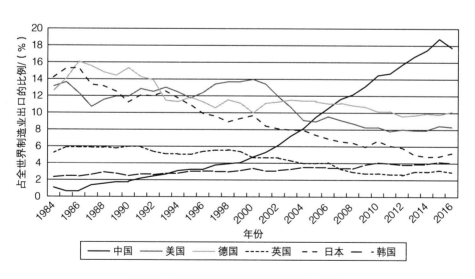

图3.6 主要国家制造业出口在世界上占比

数据来源:世界银行世界发展指标(World Development Indicators)数据库。

中国出口的迅猛增长在拉动中国经济增长的同时,也对一些包括美国在内的发达国家和发展中国家造成了一定程度的冲击。首先,美国对中国产品的依赖度大幅提高,到 2010 年中国已经超过加拿大、墨西哥、日本和欧盟成为美国第一大货物进口国,2016 年美国自中国进口已经占到其进口的 21%(见图 3.7)。其次,中美之间货物贸易逆差显著上升。2001 年中美货物贸易逆差不到 1 000 亿美元,2011 年增至 3 000 亿美元左右。2017 年美国货物贸易逆差总计约 8 074 亿美元,与中国的逆差就贡献了 3 756 亿美元,占比 46.52%。中美货物贸易失衡已经成为一个长期性问题,虽然这种失衡背后有诸多结构性问题(我们将在后面的章节专门讨论),但这里的重点是强调中美贸易失衡已经成为一个美国的政治性议题。特朗普在竞选阶段就极力强调中美贸易不公,誓言当选之后一定会采取政策缩减中美贸易逆差。

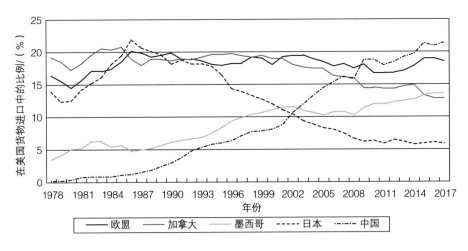

图3.7 美国货物进口来源国比重

数据来源:美国经济分析局(Bureau of Economic Analysis,BEA)。

中国的出口冲击使得美国制造业蓝领工人遭受了较大的损失。首先,根据经典的国际贸易理论"赫克歇尔-俄林模型"(Heckscher–Ohlin Model),中国劳动力丰富,出口劳动力密集型产品具有比较优势,因此美国企业和消费者用从中国进口的商品来替代国内生产的产品，比如家具、衣服、玩具等，导致美国这些传统的劳动力密集型制造业企业破产和退出市场，减少了对低技能劳动力的需求，使得蓝领工人就业和工资下降。这也是赫克歇尔-俄林模型最重要的推论——斯托珀-萨缪尔森定理（The Stolper-Samuelson Theorem）：与中国这样劳动力丰富的国家进行贸易会提高美国相对丰富的生产要素的价格（如资本回报），但会损害美国的低技能劳动力的回报。其次，国际贸易领域的外包理论认为，由于美国和发展中国家如中国之间劳动力成本的差异，美国企业为了节约劳动力成本，会选择将劳动力密集型的生产外包到劳动力便宜的国家，如中国、墨西哥、越南等国，由此也减少了对美国本地劳动力特别是蓝领工人的需求。

麻省理工学院教授大卫·H.奥特尔（David H. Autor）、西班牙货币与金融研究中心教授大卫·多恩（David Dorn）和加州大学圣地亚哥分校教授戈登·H.汉森（Gordon H. Hanson）对中国贸易冲击进行了一系列研究。2013年他们在《美国经济评论》（American Economic Review）合作发表了一篇影响和争议极大的文章《中国综合征：进口竞争对美国地方劳动力市场的影响》（The China Syndrome: Local Labor Market Effects of Import Competition in the United States）。[13] 他们发现，2000年美国从低收入国家和地区的进口额仅占制造业进口额的15%，至2007年则达到28%，而中国对其增量的贡献率高达89%。美国对中国产品的依赖度大幅提高，中国进口产品占美国总消费的比例从1991年的0.6%上升到2007年的4.6%（见图3.8）。同一时期，美国制造业就业人口占总人口比例从12.6%下降至8.4%。他们的研究指出，1990—2007年间来自中国的进口竞争导致了美国150万制造业工人的失业，因此美国同期制造业就业下降中大约44%是由中国的进口竞争导致的。在后续的另一篇文章中，考虑到产业间上下游的传递作用，他们估计1999—2011年间中国进口冲击导致美国制造业就业下降在 200 万~240 万间。[14] 他们的研究也表明,中国贸易冲击也降低了美国劳动参与率和工资,迫使政府不得不提高失业、残障、退休和医疗等方面的转移支付。

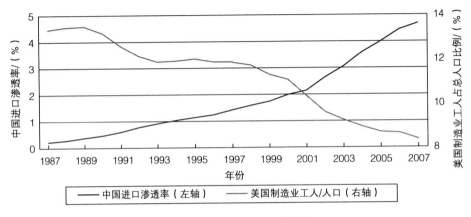

图3.8 中国出口对美国的冲击

数据来源:Autor, David H., David Dorn, and Gordon H. Hanson. "The China syndrome: Local labor market effects of import competition in the United States." *American Economic Review* 103, no. 6 (2013):2121–2168。

中国对美国的贸易冲击也有显著的区域差异。美国传统制造业中心如东北工业区、五大湖工业区和中南部工业区,尤其是生产劳动力密集型产品如家具、橡胶产品、玩具、衣服、鞋、皮革制品的地区受冲击较大。2014年大卫·奥特尔等人进一步使用美国工人层面数据分析了中国贸易冲击的影响。[15] 他们发现,中国的贸易冲击降低了美国工人们的累积收入、就业率,但增加了社会残障福利收入。而且,低工资人群失业后再找工作更难,换公司或换行业的成本比较高,因而他们不得不滞留于制造业内部,长期经受冲击;而高技能人群相对来说比较容易跳槽或者直接离开制造业,承受的损失较小。这说明中国的贸易冲击对美国低技能和低收入人群的影响更大,对美国国内收入不平等与社会两极分化也有负面影响。他

第3章 美国优先

们的后续研究表明,中国的贸易冲击使得美国收入稳定的蓝领男性(产业工人)数量下降,年轻男性的无业率和死亡率提高。[16]

美联储经济学家贾斯汀·R. 皮尔斯(Justin R. Pierce)和耶鲁大学教授彼得·K. 肖特(Peter K. Schott)2016 年发表在《美国经济评论》上的文章从另一个角度论证了中国贸易冲击对美国制造业就业的影响。[17] 美国在 2000 年通过准予中国永久性最惠国待遇(Permanent Normal Trade Relations),并于 2001 年开始生效。在这之前,美国每年给予中国关税上的最惠国待遇需要国会批准,一旦没有通过,美国对自中国进口的商品关税将提高到 1930 年《斯姆特-霍利关税法案》(*The Smoot-Hawley Tariff Act*)设定的高关税,这意味着中国出口美国商品的平均关税税率将提高 33% 左右。准予中国永久性最惠国待遇扫除了中国向美国出口商品的关税不确定性,使得更多的中国企业进入美国市场,也让更多美国企业愿意从中国进口商品。他们的研究发现,关税不确定性比较高(即最惠国待遇关税和《斯姆特-霍利关税法案》关税差异大)的产品在 2001 年后美国自中国进口增长更快,从而对美国这些行业的就业冲击更大。这一关税不确定性的消除对促进美国自中国进口有着重要影响。

他们的后续研究表明,这一政策变化导致的自中国进口增加,使得这些行业和行业集中的地区的蓝领工人收入恶化和失业率上升,也增加了美国人过量使用药物并导致死亡的情况。[18] 因此,2000 年美国准予中国永久性最惠国待遇导致的中国贸易冲击,在间接上导致了美国人(尤其是白人)由于"绝望的死亡",特别是使用过量药物致死而造成的死亡率上升。

显而易见的是,以上研究均没有探讨美国对中国增加的出口也为美国创造了大量就业。但是,出口创造的工作与进口冲击摧毁的就业机会可能非常不同,受益和受损的人群也会不同。由于劳动力市场存在摩擦,低技能的劳动力由于缺乏掌握新技能的能力,或者无法承担转换工作的成本，因此无法到出口或者其他部门就业，那么即使出口创造了就业，也无法弥补他们的损失。因此，不少经济学家同意，来自中国的贸易冲击是 21 世纪初期美国制造业就业下降以及整体就业增长疲软的重要原因，尤其是低技能低收入的岗位工作机会的减少，使得蓝领工人的日子更加难过，并带来一系列的家庭、社会和政治问题。

哈佛大学教授丹尼·罗德里克（Dani Rodrik）曾经提出一个全球化、国家主权和民主体制的三元悖论。全球一体化必然意味着消除国与国之间贸易和金融交易的成本，而国家主权则是这些交易成本的根源之一。在一个各国完全整合成一体的理想世界里，各国的政策和制度必然跟世界标准一致，不然该国的经济就有可能受到负面影响。比如跨国公司可以将公司转移到对它们税率最优惠的国家；加入 WTO 以后一国对其他会员国的关税必须保持一致，不然将违反 WTO 的"无差异原则"。因此，一个主权国家在制定政策时为了与世界经济秩序保持一致，必须考虑到世界上其他国家的全球化规则，而这些政策对该国居民来讲未必是帕累托改进，也可能对部分居民的利益造成损害。在民主体制下，全球化规则未必能够得到足够多的支持。2016 年英国的脱欧公投，事前绝大部分人认为脱欧会伤害英国和欧盟经济，也是对欧洲一体化进程的沉重打击，因此大部分民意调查显示英国公投不会选择脱欧。然而事情的结局却十分出人意料，英国在全球化、国家主权和民主体制三者中选择了后两者而放弃了欧洲一体化。同样的事情正在美国上演，虽然自由贸易有利于美国经济，正如美国二百多年来一直倡导的，但部分美国学者的研究指出中国的贸易冲击使得美国传统制造业的蓝领工人的利益遭受了损失，刺激了贸易保护和民粹主义的滋长。麻省理工学院教授奥特尔的研究团队发现，在美国经受中国的贸易冲击越厉害的地方，在 2016 年美国总统大选中就越倾向于将选票投给特朗普。

当然不可否认的是，中国贸易冲击也给美国带来了巨大的利益。中国巨大的仍然不断增长的市场,是美国农民和企业营业收入和利润的重要来源,也为美国工人创造了大量就业。中国出口的物美价廉的劳动力密集型产品,如衣服、玩具和家具,为美国消费者降低了消费成本并丰富了商品的多样性。同时,中国也是美国众多跨国公司产业链配件的供应商。在这里我们没有强调中美贸易对美国的这些好处,并不是否认贸易给美国带来的收益,而是希望从特朗普及其选民的角度来看待中国的贸易冲击,从而更好地理解美国民粹主义和贸易保护主义的兴起。

3. 美国优先

美国经济从以工业制造为中心转向以服务业为主导、技术和资本对劳动的替代、全球化导致的进口替代和跨国公司生产外包,这些因素都不同程度地导致了美国收入不平等的恶化、中产阶级的没落、社会代际流动性的下降、蓝领工人的贫困化和死亡率的回升,这也是特朗普竞选美国总统的时代背景。特朗普本人也经历了美国制造业的由盛而衰,他自己也认为一个强大的美国必须有强大的制造业作为支撑,由此提出通过促使制造业回流来振兴美国经济。而且,把贫富差距扩大问题归因于全球化在政治上也是最为容易的,因此,特朗普的贸易保护主义政策和促使制造业回流的主张深得这些选民的认同。他的竞选口号"美国优先"(America First)和"让美国再次伟大"(Make America Great Again)得到了中产阶级和普通蓝领工人的广泛支持,并将他送进了白宫总统办公室。

为了重振美国制造业,特朗普政府的经济政策主要是对内减税和对外贸易保护政策。其减税政策主要包括以下三点。第一,将美国联邦的公司所得税最高税率从35%降低到21%;美国公司所得税在此次税改之前是OECD国家中最高的,改革之后美国公司所得税将接近其他OECD国家,以此鼓励跨国公司在美国投资,不再因为税率差异选择到其他国家投资，而且公司所得税改革是永久性的。第二，推行"属地"征税原则，未来美国公司的海外利润将只需在利润产生的国家交税，有利于消除将收益保留在海外的扭曲性激励，鼓励美国企业境外利润汇回美国以增加国内投资。第三，对美国公司留存海外的利润存量实施一次性征税，其中现金利润的税率为15.5%，非流动性资产的税率为8%。美国的对外投资账户显示2018年前两个季度美国跨国公司减少了海外的利润再投资生产，将部分累积的海外利润作为分红汇回美国。但这个效应是短期的，第三季度美国跨国公司的海外利润再投资转负为正，而海外利润回流分红则显著下降。

特朗普政府的对外贸易政策是其"美国优先"在对外政策的自然延伸，而且特朗普本人的重商主义使其坚定地认为贸易逆差就是美国的损失。只要一国与美国存在贸易顺差，即是存在"不公平贸易"的证据。他的贸易政策团队主要由倡导贸易保护主义的人士组成，如美国总统助理、贸易和工业政策主任彼得·纳瓦罗（Peter Navarro），商务部部长小威尔伯·L. 罗斯（Wilbur L. Ross Jr.）和美国贸易代表罗伯特·莱特希泽（Robert Lighthizer）。纳瓦罗曾经出版《致命中国》（*Death by China: Confronting the Dragon—A Global Call to Action*）一书，谴责中国的工业和贸易政策使得美国工人失去了大量工作。[19] 商务部部长罗斯在贸易政策上与特朗普一致，曾经批评中国是大型经济体当中"贸易保护主义最严重"的国家，对进口设置了非常高的关税与非关税壁垒。莱特希泽则是著名的贸易鹰派，20世纪80年代曾参与美国对日本的贸易战，经验丰富，此轮中美贸易战也是由其领导的团队主导发起。

特朗普贸易政策具有两大特点：第一个特点是，杯葛WTO的仲裁和调解机制，以双边贸易谈判替代多边贸易谈判。WTO是多边贸易谈判框架，而且对各国实施贸易保护措施有着严格的仲裁和调解机制。相比之下，在双边谈判框架下，美国经济体量大，谈判力量强，可以使贸易协定更加有利于自己，所以美国不希望通过WTO的框架进行贸易谈判，因此通过杯葛WTO仲裁和调解法官的遴选，使得WTO无法对美国接下来实施的一系列贸易保护措施进行仲裁。由此第二个特点就是美国的单边贸易保护措施，以国内法（232调查、301调查等）而不是国际法为依据发起各种贸易保护措施，这严重威胁到多边贸易规则和体系。

特朗普一上台立刻废除了奥巴马政府努力多年才达成协议的跨太平洋伙伴关系协定（Trans-Pacific Partnership，TPP）谈判，该贸易投资协定涉及美国、日本、澳大利亚、韩国等12个国家，经过多年艰辛谈判才达成协议。但特朗普政府认为多边贸易谈判限制了美国的谈判力量，不如双边谈判更加有利于美国利益。然后特朗普政府又威胁退出《北美自由贸易区协定》，迫使加拿大和墨西哥重新谈判，2018年10月1日达成新的《美-墨-加新协定》（USMCA）。新协定里墨西哥和加拿大最终同意提高加墨两国出口汽车至美国的免税标准，北美自制率从原本的62.5%提升到75%，这限制了北美汽车制造从其他地区进口中间品。同时，享受免关税的汽车至少要有2/5的零组件是由时薪最低16美元的工人生产，这限制了汽车公司将生产外包给墨西哥。

2018年，特朗普上任第二年，在完成了国内税改和医改之后，开始实施他的贸易保护政策。1月美国商务部对进口大型洗衣机和光伏产品分别采取为期4年和3年的全球保障措施，分别征收最高税率30%和50%的关税。2月对自中国进口的铸铁污水管道配件征收68.37%~109.95%的反倾销关税，对中国铝箔产品厂商征收48.64%~106.09%的反倾销税，以及17.14%~80.97%的反补贴税。

3月，根据美国商务部232调查的结果，特朗普发布声明，决定对进口钢铁和铝材产品分别征收25%和10%的关税，于3月23日生效，部分国家被暂时豁免。由此打响特朗普贸易战第一枪，向全球经济和金融市场扔下一颗重磅炸弹，导致美欧亚股市普遍下跌。同时由于美国从110

多个国家和地区进口钢铝，许多钢铝出口国和国际组织纷纷表示反对美国单边的贸易保护措施。我们在后面章节将详细讨论钢铝贸易战。

3月下旬，美国商务部针对中国有关知识产权的301调查出炉，指责中国政府强制外资企业转让技术和知识产权，给美国造成了每年500亿美元的损失。因此拟推出针对中国的三大组合拳：对中国的航空航天、信息通信和机械行业共计500亿美元的商品征收25%的关税，在WTO起诉中国的歧视性技术许可做法和限制中国对美投资，剑指中国的《中国制造2025》中的高端制造业，由此拉开了中美贸易冲突的序幕。到2019年9月，这场贸易冲突已经升级到双方宣布对来自对方的几乎所有商品加征关税的全面贸易战。这一场发生在世界最大的两个经济体之间的贸易战深深搅动了国际经济贸易秩序。然而，这可能还不是特朗普"美国优先"贸易政策的终点。

2019年5月23日，美国商务部受命启动对美国汽车及其零部件进口的232调查。根据法律，美国商务部需要在270天内向总统提交调查结果和建议。总统在收到报告的90天内，如果调查显示进口威胁了美国的国家安全，那么总统需要决定是否同意调查结果及采取何种行动来调节进口。特朗普已经不止一次指责欧盟的汽车进口关税远高于美国水平，并威胁将汽车及其零部件进口的关税提高到25%。如果特朗普真的提高汽车进口的关税，将重创其盟友日本、欧盟，并损害美国经济，这对国际经济的影响或将超过2018年中美贸易战。根据彼得森国际经济研究所的一项研究，汽车进口的232调查覆盖了2 080亿美元的汽车进口（不包含零部件），如果汽车和零部件进口关税提高到25%，其规模可以比肩中美的贸易冲突，但冲击力度更大。[20] 他们估计将导致美国19.5万人失业，如果其他国家和地区采取同等力度的反制，则美国失业的规模将多两倍。2019年年初，美国商务部完成了初步调查报告上报总统，子弹已上膛，就等总统一声令下，汽车贸易战或将马上拉开序幕。

第 4 章　理解中美贸易不平衡的两个误区

中美贸易不平衡既是此次中美贸易争端的触发点，也是美国总统特朗普关注的焦点。根据美国经济分析局的数据，2017 年美国从中国的货物进口额高达 5 063 亿美元，而美国出口到中国的货物价值只有 1 303 亿美元，因此美国对中国的货物贸易逆差高达 3 760 亿美元，这个数字一直被特朗普和美国官方引用来证明中美贸易不平衡和全球化对美国造成的损失。然而用双边货物贸易逆差这一指标是非常片面和有失偏颇的，主要有以下三个方面的"误区"：

首先，双边贸易只是双边销售的一部分，一个国家的一个企业要服务另外一个国家，一种方式是在本国生产然后出口到对方；另外一种方式是在东道国直接投资建立分公司并在当地销售，这种方式对服务贸易来说尤为重要。美国对中国贸易有逆差，但美国子公司在中国的销售要远高于中国子公司在美国的销售，因此美国对中国的总销售或有盈余。

其次，全球产业链下多国合作生产，导致一国出口总值已经不是一国贸易增加值的准确测量。以苹果手机 iPhone 为例，位于加利福尼亚州的苹果公司设计的产品，由日本东芝公司生产闪存和触摸屏，韩国三星公司提供应用处理器和动态存储器，德国生产摄像头组件和全球定位系统接收器，最后在中国组装出口。而中国出口美国一个 iPhone 的 500 美元则完全记入中国对美出口总值和贸易顺差中，但其中来自中国的增加值在 2009 年却只有 6.5 美元。测量两国的双边贸易，显然我们更应该使用贸易增加值而不是简单地用出口总值。

最后,一国总体的贸易逆差作为该国经常账户的一部分,是一国缓冲和弥补自身储蓄和投资缺口的机制,因此应该从动态的角度来看待贸易逆差对一国宏观经济的利弊,而不应从静态角度来看待贸易不平衡的问题。重商主义者一般只看绝对水平的贸易差额,认为贸易逆差就是本国受损,这种观点是站不住脚的。美国的贸易逆差和经常账户赤字有其背后的结构性因素:美国家庭的高消费低储蓄的生活方式和政府不顾财政赤字恶化的积极财政扩张政策是美国经常账户长期赤字的重要原因。不改变这些结构性因素,美国的贸易逆差和经常账户赤字就不会消失,即使不是与中国有贸易逆差,也会与其他国家和地区发生逆差。关于这一点,我们在下一章详细讨论。

1. 中美双边总销售

我们先来看第一个原因。在跨国公司全球化布局生产的时代,双边货物贸易逆差这一统计指标未必能准确地反映两国的双边销售情况。比如,2017年通用汽车在中国市场的销量为404万辆,超过其在美国本土300万的销量,占2017年中国汽车行业总销量的14.3%。而同年通用汽车从美国到中国的出口仅为415辆,不仅如此,通用汽车还从中国向美国出口近3万辆昂科威。从这个例子可以看出,如果只从贸易数据来看中美两国的双边销售和相互依赖性是非常具有误导性的。双边贸易只是双边经济交换的一部分,一个国家的一个企业要服务另外一个国家有两种方式,一种是在本国生产然后出口到对方,另一种是在东道国直接投资建立分公司并在当地销售。通用汽车的例子说明美国汽车公司服务中国的主要方式是外商直接投资的本地销售,而非在美国生产汽车然后出口到中国。

根据美国经济分析局的数据,2015年美国对中国贸易出口1 655亿美元，其中商品贸易出口1 165亿美元，服务贸易出口490亿美元；中国对美国贸易出口4 990亿美元，其中商品贸易出口4 840亿美元，服务贸易出口150亿美元，可得2015年美国对中国贸易逆差3 335亿美元。但是，2015年美国在华子公司的销售总额为3 558亿美元，其中商品销售2 226亿美元，服务销售1 332亿美元；中国在美子公司的销售总额仅为221亿美元，其中商品销售54亿美元，服务销售167亿美元。因此，2015年通过子公司的当地直接销售美国相对中国盈余3 337亿美元。若我们将双方销售盈余定义为贸易盈余和子公司销售盈余的加总，2015年美国对中国非但没有赤字，还有盈余2亿美元！

图4.1显示了2015年中美双边销售额的具体组成比例。我们可以看出，中美两国在服务对方的方式上截然不同。美国在华子公司在中国当地的销售已经成为美国公司服务中国的主要方式，美国在华子公司在中国当地销售额占美国对中国总销售额的比例达到了68.25%，其中商品销售比例为42.7%，服务销售比例为25.55%。在美国对中国总销售中，商品贸易出口占比只有22.35%。相比之下，中国仍然是以商品贸易出口为主，其占中国对美总销售额的92.88%。中国的服务出口和在美子公司的销售都还非常有限。中美双边销售的构成特点显示了两国不同的比较优势。中国的比较优势在于相对便宜的劳动力，因此制造业比较发达，跨国公司愿意将生产链中制造和组装的阶段搬到中国，生产完成品然后销往中国和其他国家与地区，因此中国的制造业出口占主导地位。而美国由于劳动力成本高，制造业式微，但研发、金融、销售等服务业发达。同时，美国的跨国公司非常具有竞争力，美国本土主要负责研发和销售，并在全球分配生产，因此通过跨国公司的当地销售服务国外消费者已经超过出口成为美国主要的对外销售渠道。这一点从图4.2美国和世界上其他国家与地区的双边销售和构成也可以看出来。2015年美国对其他国家和地区的总销售额高达82 269亿美元，其中商品出口只

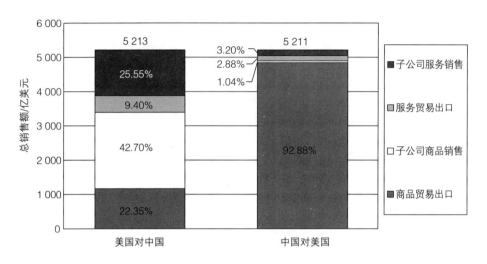

图4.1　2015年中美双边销售和构成

数据来源：美国经济分析局。

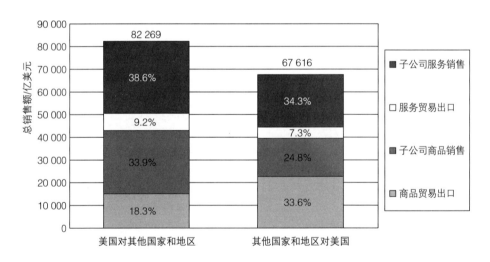

图4.2　2015年美国和其他国家与地区双边总销售额

数据来源：美国经济分析局。

占18.3%，而美资子公司商品当地销售则占33.9%，几乎是商品出口的两倍；美国服务贸易出口占9.2%，而美资子公司服务当地销售则高达38.6%，几乎是服务出口的4倍。因此，可以说美国基本是靠跨国公司的当地销售而非出口来服务世界各地消费者的。同时，美国对其他各国和地区的总销售远高于其他各国和地区对美国的总销售，美国的销售总盈余高达14 653亿美元，占美国GDP的8%，远高于美国7 618亿美元的商品贸易逆差。因此，全球化并不像特朗普说的对美国造成了损失，事实上美国跨国公司从全球化配置生产链获益巨大。

另外值得一提的是，对不少美资跨国公司而言，中国市场已成为其业务增长的大头。绝大多数在华美企的业绩良好，中国市场是其重要增长点和利润中心。前面的通用汽车就是一例，它在中国的汽车销量已经超过在美国的销量。中国市场对苹果公司也尤为重要。2019年1月，苹果公司大幅下调对2019年财年第一季度的业绩预期，导致苹果股价大跌。公司总裁蒂姆·库克（Tim Cook）表示主要是因为中国市场对iPhone的需求疲软，这反过来凸显了中国市场对许多美国跨国公司的重要性。

我们用美国经济分析局的数据进一步分析近年来美国子公司在华销售的盛况。如图4.3所示，2009年美国子公司在中国的销售额占其全球总销售额的3.00%，随着中国市场的进一步开放，2015年美国子公司在华销售达到了全球销售额的5.97%，在6年内几乎翻了一番。2018年6月，中国商务部发布了《外商投资准入特别管理措施（负面清单）（2018年版）》，全方位推进开放。三大产业全面放宽市场准入，涉及金融、交通运输、商贸流通、专业服务、制造、基础设施、能源、资源、农业等各领域，共22项开放措施，而且列出了汽车、金融领域的放开外资股比限制的时间表。负面清单之外的领域，原则上不得实行对外资准入的限制性措施。因此如果没有中美贸易冲突，我们可以预计未来几年内美国子公司在华的销售会保持快速的增长势头。

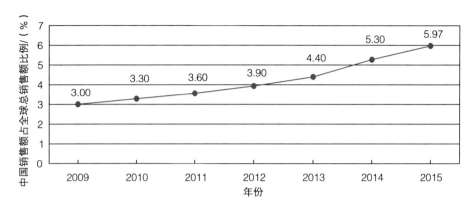

图4.3　2009—2015年美国子公司中国销售额占全球总销售额比例

数据来源：美国经济分析局。

2. 贸易总值统计方法严重扭曲双边贸易不平衡

当今世界的国际贸易格局，已经早就不同于大卫·李嘉图（David Ricardo）写下比较优势理论的时候了。国家之间已经不再是酒和衣服之间最终产品的贸易，而是由跨国公司全球分配产业链导致的中间产品贸易。目前中间产品贸易已经超过全球货物贸易总额的2/3。中间产品贸易严重扭曲了双边贸易总值这一统计指标的经济意义。仍以iPhone为例，根据日本国立政策研究大学院大学经济学教授邢予青及其合作者的研究，2009年中国出口到美国的iPhone价值为20亿美元左右，因为2009年iPhone刚刚在中国首发销量有限，但就iPhone出口一项已经创造了近19亿美元的中美贸易顺差，为中国对美国总体的贸易总值顺差贡献了0.8个百分点。[21]但事实上，由于中国主要是负责iPhone组装，实际上中国只贡献了6.5美元，相当于iPhone总制造成本的3.6%。因此传统的计算贸易总值的办法显然高估了中国对美国的出口总额和顺差。而利用增加值办法计算的2009年中国对美国出口iPhone的增加值总额只有7 345万美元。事实上，苹果并不是孤例。美国有大量跨国公司在华投资，比如戴尔（DELL）、美光半导体（Micron）、英特尔（Intel）、希捷（Seagate）等美国高科技企业都是中国的出口大户，这些企业利用中国相对廉价的劳动力的成本优势生产产品，再出口到美国和世界其他国家与地区。

使用贸易总值计算的逆差夸大了中美之间的贸易不平衡，主要的原因在于中国虽然成为"世界工厂"，但其实中国出口产品并不是完全的"中国制造"，比如 iPhone，只能算是"中国组装"。中国实施改革开放后，由于劳动力成本低，东亚其他国家如日本、韩国以及中国港澳台地区将很多制造业生产和组装转移到了中国大陆，然后再出口到美国和其他国家和地区，所以中国对美国的贸易额顺差其实也包含了东亚其他国家和地区对美国的顺差。比如，中国虽然对欧美保持货物贸易总值顺差，但 2016 年对韩国货物贸易总值逆差达 722 亿美元。图 4.4 画出了美国对主要东亚国家和地区的贸易总值逆差占美国 GDP 的比例。在 1989 年日本是美国的主要贸易总值顺差国，占到了东亚主要国家和地区对美顺差的 60% 以上，紧随其后的是中国台湾地区和韩国，各占 17% 和 8%，

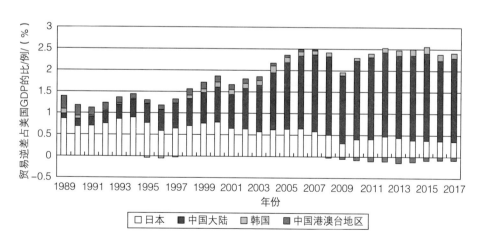

图4.4　美国对主要东亚国家和地区的贸易逆差占美国GDP的比例

数据来源：美国统计局。

而中国大陆贡献了约8%。在这之后随着中国慢慢成为世界工厂，中国大陆对东亚其他国家和地区与美国贸易总值顺差的贡献率越来越高，2017年已经高达83%。日本最终将日美贸易顺差降下来，主要就是靠将生产转移到中国与东南亚其他国家和地区，然后再出口到美国。

在经济全球化特别是跨国公司全球性配置生产链越来越多的情况下，许多产品的生产由多个国家和地区共同完成，每个国家和地区只负责产品的某一工序或零部件的生产，最终产品的价值实际上由多个国家和地区共同创造与分享，而不是由最终产品的出口国家和地区全部创造与分享。贸易总值统计只反映了地区之间的每一阶段产品总值的交易情况，但难以反映商品生产过程中的增加值的交易情况。因此，贸易总值作为统计指标会严重扭曲双边贸易不平衡的状况。学术界和国际社会已经意识到贸易总值统计的缺陷，并提出了"贸易增加值统计"这一新的统计方法。哥伦比亚大学教授魏尚进和他的在美国国际贸易委员会的两位合作者王直、罗伯特·库普曼（Robert Koopman）2014年在《美国经济评论》发表了一篇关于全球产业链测算的著名文章，提出了一套使用国际投入产出表和贸易数据来计算贸易增加值的计算方法，该计算方法之后被多个国际机构广泛使用。[22]国际货币基金组织、世界银行、联合国贸易和发展会议、亚洲开发银行、联合国统计司、欧盟统计局等多个国际机构都开展了全球价值链与贸易增加值的相关研究。经济合作与发展组织（OECD）和世界贸易组织（WTO）联合建设了全球价值链与贸易增加值数据库（TiVA），涵盖了61个国家和地区的经济体和34个行业。

利用TiVA数据库，图4.5画出了中国、日本、韩国与美国的贸易总值差额和增加值差额。我们可以看到，中美贸易增加值顺差远低于两国之间的贸易总额顺差，而日本和韩国则正好相反，它们与美国的贸易增加值差额都高于贸易总值差额。事实上，日美和韩美的贸易总值差额与增加值差额之间的差距非常大，比如2011年日美贸易增加值顺差是贸易总值顺差的 2 倍,而韩美贸易增加值顺差则是贸易总值顺差的 3 倍。2010 年韩国对美国贸易总值是逆差 15 亿美元,但考虑到通过全球产业链的进出口,韩国对美国的贸易增加值事实上还有 115 亿美元顺差。这主要是因为中国从日本和韩国进口了大量中间产品组装并出口到美国,这部分中间产品价值被记入了中美贸易总值而没有体现在日韩两国对美的贸易总值中。值得一提的是,随着中美之间贸易总值的增加,贸易增加值和贸易总值之间的差距从 2008 年起有扩大的趋势,2008 年中美贸易增加值顺差比贸易总值顺差少 29%,2011 年这个差距则增加到了 35%。2017 年中国对美货物和服务贸易总值顺差为 3 357 亿美元,以这个比例推算,则 2017 年中美贸易增加值顺差为 2 182 亿美元。

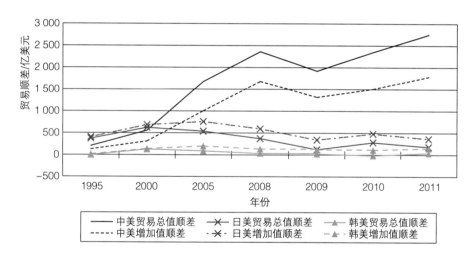

图4.5 中国、日本、韩国与美国的贸易总值差额和增加值差额

数据来源:全球价值链与贸易增加值数据库(TiVA)。

事实上,由于 TiVA 使用的是投入产出表来计算贸易增加值,很可能仍然高估了中美的贸易顺差。这是因为投入产出表计算方法暗含了一个假设:所有企业出口总额里国内增加值的比例是相同的,但中国加工贸易的比例非常高,而从事加工贸易的企业进口大量免税中间产品，加工组装再出口到其他国家和地区。因此这些企业的加工贸易出口里的国内增加值比例是偏低的。哥伦比亚大学教授魏尚进和他的两位合作者王直、罗伯特·库普曼 2012 年在《发展经济学杂志》(Journal of Development Economics)发表文章进一步考虑了加工贸易对中国出口增加值的影响。[23] 他们发现，2002 年一般贸易中国国内增加值的比例平均在 90% 左右，而加工贸易的国内增加值比例只有 25%。美国圣母大学教授罗伯特·C. 约翰逊（Robert C. Johnson）和他的合作者研究发现，如果考虑到中国有近一半是加工贸易，那用投入产出表计算的中美贸易增加值顺差还应该减少 10% 左右。按照他们的计算方法，那么 2017 年中美贸易增加值顺差还要更低，约为 1 963.8 亿美元。[24]

3. 全球化紧密连接中美经济

上面的分析表明全球化已经将中美两国紧密联系在一起，但中美两国在全球生产链上扮演着完全不同的角色。美国处于生产链的两端——研发设计和销售，中国则处于生产链的中间——制造。美国主要是通过跨国企业在中国和其他国家与地区直接销售的方式服务外国消费者，而中国则依赖于本地生产并出口的方式服务外国消费者，这两种销售方式的不同使得中美贸易总额逆差不是一个准确衡量两国经济往来平衡度的指标。同时，各个国家和地区对全球产业链的深度参与也使得双边贸易额逆差不再是一个合理衡量两国经济交易的指标。本章的分析也揭示了中美两国彼此依赖度很高，双方共同利益也很多，而且两国已经成为世界上最大的两个市场。如果中美合作顺利，则有利于推动全球经济的进一步整合。相反，中美之间爆发贸易战也将通过全球产业链波及其他国家和地区。

希望以上分析有助于我们理解中美之间的贸易平衡问题，但不得不指出，当前美国政府并不在乎这些技术上的调整，其对于美国贸易逆差和经常账户赤字非常关注，并且认为持续的贸易逆差伤害了美国经济。由于美国是发达国家，在第二次世界大战后贸易自由化过程中已经经历了多次关税谈判和磋商，因此美国关税水平比不少发达国家和发展中国家都低。因此美国政府将贸易逆差归因于美国和其他国家之间不对称的关税和非关税壁垒，而且认为其他国家通过不公平贸易窃取了美国的财富。这种观点是典型的贸易重商主义，认为一国贸易顺差有利于国民财富积累，反之则意味着财富流失，因此政府应该补贴出口但对进口征收高关税。

这种重商主义的思潮起源于16世纪中叶的欧洲，盛行于17—18世纪，但早在1776年，亚当·斯密（Adam Smith）在《国民财富的性质和原因的研究》（即《国富论》）（*An Inquiry into the Nature and Causes of the Wealth of Nations*）中就批驳了这一理论思潮，认为重商主义只关注生产者利益而伤害了消费者的利益，并且妨碍了市场作为"看不见的手"调节和分配经济活动。在他眼里，每个人都应该生产自己擅长的产品，然后在市场上通过交换获得自己所需要的但别人更擅长制作的产品。同样，国家之间也应该有分工，各自生产本国最有效率的产品，去换取别国最有竞争力的产品，这样才会让成本最低、效率最高。而实现国际分工的核心就是自由贸易，让市场这只"看不见的手"来安排国际分工和国际贸易，重商主义倡导的政府干预显然会严重扭曲市场分配资源。古典经济学家大卫·李嘉图更进一步提出，即使两国之间都没有绝对优势，但它们可以生产各自具有比较优势的产品，自由贸易仍能带来双赢。

在当今世界生产和消费已经实现全球化的时代，美国这种重商主义强调的关税保护更会有打乱全球产业链的风险，中国必须旗帜鲜明地反对这种基于重商主义的贸易保护主义。下一章我们探讨美国贸易逆差和经常账户赤字的内部结构性因素。

第5章 美国经常账户赤字成因探析

美国经常账户和贸易的长期赤字不仅是进入21世纪以来中美之间多次贸易摩擦的原因,也是此次中美贸易冲突爆发的一个重要推手。然而,美国经常账户自1980年代开始就长期处于赤字,在2008年金融危机之前一度接近GDP的6%。美国经常账户长期赤字是有其国内结构性原因的。国民储蓄率低、政府减税和增加政府支出的扩张性财政政策造成了国内总储蓄低于总投资,迫使其不得不通过经常账户赤字来弥补储蓄－投资缺口。美国能够维持长期的经常账户赤字也与美元在国际货币体系中的核心地位和美国的全球化生产紧密相关。

1. 全球失衡

中美之间经常账户失衡在2008年金融危机之前比现在要远远严重得多。如图5.1所示,美国经常账户赤字和中国经常项目盈余几乎成了"镜像"对称。尤其是在2007年之前美国经常账户赤字最为严重的时候,中国在同时间段内积累了大量的外汇储备,而且其中主要是美元资产。所以可以说是中国提供资金填补了美国的储蓄－投资缺口。这一"全球失衡"引发了学术界和政策制定者们的广泛研究与争论。美联储前主席本·S.伯南克(Ben S. Bernanke)就认为是中国等新兴国家的高储蓄率导致了全球低利率,从而使得美国人储蓄意愿更低,由此导致了美国经常账户长期逆差。然而这一"全球储蓄过剩"的理论不能解释为什么美国从20世纪 80 年代初就开始出现持续的经常账户赤字，也不能解释在全球低利率的情况下其他发达国家并没有出现持续性的经常账户赤字。相反，这一理论掩盖了美国经常账户长期逆差的内部结构性因素。

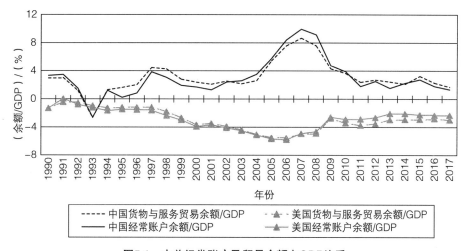

图5.1 中美经常账户及贸易余额占GDP比重

数据来源：世界银行 WDI 数据库。美国 2017 年货物与服务贸易余额 /GDP 数据缺失，用美国经济分析局（BEA）公布的数据补齐。

2. 经常账户跨期理论

我们先来看一个宏观经济学的基本恒等式，有助于我们理解经常账户盈余的决定因素。一国的国内生产总值（GDP）用支出法来衡量可以表示为：

$$Y = C + I + G + X - M$$

其中 Y 为 GDP，C 为消费，I 为投资，G 为政府支出，X 为出口，M 为进口。经常账户（CA）可以定义为与贸易盈余（$NX = X - M$）相等。① 假设

---

① 经常账户包含商品和服务贸易收支、生产要素（例如利息和股息）和转移支付（例如外国援助），但贸易收支一般占经常账户的主要部分，所以经常账户收支基本取决于贸易收支状况。

政府税收为 T，则：

$$CA=NX=(Y-T-C)+(T-G)-I=S-I$$

这里 $(Y-T-C)=S_p$ 为私人储蓄，而 $(T-G)=S_g$ 则是政府财政盈余或者说政府储蓄，两者之和为国内总储蓄 S。从这个等式可以看出，经常账户余额和贸易余额等于国内总储蓄（S）和国内总投资（I）的差额，换句话说，经常账户是一国在国际金融市场上储蓄或借贷的工具。当一国的总储蓄多于总投资时，贸易和经常账户出现盈余，该国输出资本，相当于将多余储蓄投资到国外资产。中国长期处于经常账户盈余，因此是处于资本输出状态。而当总储蓄小于总投资时，贸易和经常账户赤字，该国借入资本以弥补储蓄-投资缺口，美国长期处于经常账户赤字，因此是资本输入状态。从这个角度讲，过去二十多年，中国实际上一直在向美国输出资本，而不是美国向中国输出资本，由此中国政府还积累了3万多亿美元的外汇储备，其中大部分资产是美元资产特别是美国国债。

这一等式虽然是静态的，但它显示一国经常账户余额等于该国的储蓄和投资之差，而储蓄和投资都与消费者和投资者对未来的预期紧密相关。所以经常账户跨期理论认为经常账户调整不仅取决于当前经济，也与人们对未来经济状况的预期息息相关。经常账户作为一国在国际市场上的借贷和储蓄手段，能够帮助协调国内储蓄-投资缺口的变化，有利于消费者平滑消费。因此我们不能将经常账户赤字与社会福利简单挂钩，认为逆差就会有损经济、顺差就有利于经济的重商主义的看法是错误的。

举一个简单例子，考虑一个产出外生给定的经济体（先不考虑投资率），如果预期明年本国产出（或收入）增加，那么消费者为了平滑消费，今年就会减少储蓄或增加国外借贷来增加消费，在本国产出不变的情况下，该国必须增加进口或减少出口来满足国内消费需求的上升，这样就会有贸易逆差和经常账户赤字。到明年本国产出增加了，消费者就在增加部分消费的同时还掉国外债务，还债的方式就是多出口、少进口，这样就有了贸易顺差和经常账户盈余。换言之，经常账户赤字意味着该国从其他国家借钱，经常账户盈余意味着该国向其他国家放贷。从这个简单的例子可以看出，贸易余额和经常账户余额其实在帮助本国消费者在跨期间实现平滑消费，减少本国产出短期波动对本国消费的冲击，因此，简单指责贸易逆差和经常账户赤字不利于一国经济是站不住脚的。

3. 美国经常账户赤字成因

为什么美国政府紧盯着贸易逆差和经常账户赤字呢？原因在于美国的贸易逆差和经常账户赤字不是短期的而是长期性的。从图5.2可以看出，美国自从20世纪80年代初开始经常账户长期处于赤字，90年代初曾经短暂恢复平衡，之后赤字持续恶化，2008—2009年金融危机之前经常账户赤字一度接近GDP的6%。金融危机导致美国国内需求疲软，逆转了美国经常账户赤字持续恶化的势头，2009年经常账户赤字迅速恢复到GDP的2.5%，之后一直稳定在这一水平。

为什么美国经常账户长期赤字？上一节的恒等式告诉我们，经常账户取决于私人部门储蓄、政府部门储蓄和投资，而美国的投资率长期以来相对比较稳定，经常账户赤字的主要原因在于低储蓄和政府财政赤字。

美国的储蓄率自20世纪70年代以来一直处于缓慢下降的趋势。美国家庭储蓄占可支配收入的比例，从1973年的13.5%缓慢下降到最低点2005年的3.2%，之后逐步恢复到2017年的6.7%，但仍然只有20世纪70年代的一半。美国家庭的低储蓄率不仅与人口结构老龄化有着紧密的关系，也与美国经济主要靠消费驱动有关。低利率环境也降低了人们

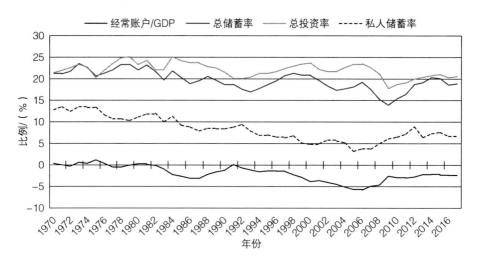

图5.2 1970—2017年美国经常账户/GDP、储蓄率和投资率

数据来源：美国经济分析局美国国民收入和生产表。

的储蓄意愿，刺激了消费。从宏观层面来看，从20世纪70年代以来，美国的总储蓄率·(1－最终消费/GDP)也一直处于缓慢下降的趋势，从1973年的高点23.5%逐渐下降到最低点2009年的13.9%，之后缓慢回升到18.9%。而总投资率除个别年份外一直在20%~25%波动，这个投资缺口就需要从国际上融资，因此导致了美国长期的经常账户赤字。

美国经常账户赤字的另一个重要原因是政府的扩张性财政政策。从理论上来讲，政府支出增加或减税降低了政府储蓄，刺激消费和投资，导致美元走强，从而增加进口减少出口。如果李嘉图等价（Ricardian Equivalence）不成立，即私人部门的储蓄上升不足以抵消政府储蓄的下降，那总储蓄率就会下降，由此导致经常账户赤字，这一理论被称为"双赤字"假说，即财政赤字增加导致经常账户恶化。美国最近三次的扩张性财政政策分别是在20世纪80年代的罗纳德·威尔逊·里根（Ronald Wilson Reagan）总统、2001年开始的小布什总统和2016年上任的特朗普总统期间。我们首先回顾一下这三位总统任职期间的财政政策。

里根总统任期内的减税政策主要包括1981年《经济复兴税法案》和1986年《税制改革法案》。大幅降低个人所得税边际税率，将原来的最低税率14%和最高税率70%分别降为11%和50%，之后进一步将15级累进的个人所得税制改为15%和28%两档税制，另对高收入者征收5%的附加税，所以个人所得税最高税率进一步降到33%。资本利得税税率也从28%降到20%。公司所得税的最高税率从46%降到33%，原来15%到46%的五档税制简化为15%到33%的四档税率。

小布什总统2001年上任之初开始实施十年减税计划，宣布减税总额达1.35万亿美元。该计划主要包括：①降低和简化个人所得税，将过去的五档所得税税率（15%、28%、31%、36%、39.6%）调整为四档（10%、15%、25%、33%）；②将儿童课税扣除由每名儿童500美元增加到每名儿童1 000美元；③恢复双收入家庭10%的税收抵免；④废除遗产税；⑤扩大慈善捐助扣除的范围；⑥研究和实验税收抵免永久化。由于2001年股市泡沫破灭，美国经济陷入衰退，2003年小布什政府又推出减税总额为3 500亿美元的"第二减税计划"，包括在2008年之前将收益税率降到35%，鼓励小企业主投资，向已婚及有未成年子女的家庭给予税收优惠等措施。同时，由于2001年的"9·11"事件和之后的阿富汗战争和伊拉克战争，美国的反恐支出和国防开支大幅上升。到2008年时，美国国防开支达6 124.3亿美元，比2001年的3 060.8亿美元翻了一番。

里根总统和小布什总统任期内的大规模减税政策都导致了财政赤字的显著恶化。里根的第一个任期内的减税政策使得联邦财政赤字从1981年占GDP的3.3%在两年内迅速跳升到占GDP的6.4%，在接下来三年财政赤字都高于5%。[①] 里根任期内财政赤字平均高达GDP的5.1%，远

[①] 财政赤字的定义是根据国民收入和生产账户里的联邦政府的"总支出－总收入"，略微不同于联邦政府净储蓄，后者是按照"当期支出－当期收入"来衡量。数据来自美国国民收入和生产账户，https://apps.bea.gov/iTable/index_nipa.cfm[2019-9-17]。

高于前两任总统福特和卡特任职期间的平均值 3.7%。在里根任职期间，经常账户扭转了之前渐趋平衡的态势，出现持续恶化，从 1981 年占 GDP 的 0.11% 下降到 1988 年占 GDP 的 −2.21%（见图 5.3）。

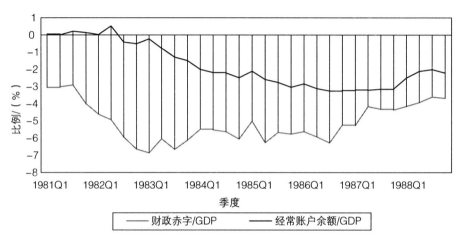

图5.3　里根时期美国双赤字

数据来源：美国经济分析局美国国民收入和生产表。

1992 年克林顿总统上台之后大力发展经济，扭转了财政赤字扩大的势头。2001 年年初克林顿离任时，政府尚有 1 530 亿美元的盈余。小布什接任总统之后，开始大规模减税，并增加政府的反恐支出，迅速逆转了克林顿执政时期财政盈余的局面，财政赤字开始攀升。2008 年小布什离任时，政府财政赤字高达 GDP 的 5.3%。财政赤字导致了经常账户赤字持续恶化，经常账户赤字曾在 2006 年一度达到 GDP 的 5.8%（见图 5.4）。小布什执政期间，经常账户赤字平均为 GDP 的 4.8%，远高于克林顿执政时期经常账户赤字占 GDP 2% 的均值。从某种程度上讲，没有中国在 2001 年之后通过不断增持美国国债对美输出资本，小布什政府甚至没钱打反恐战争。

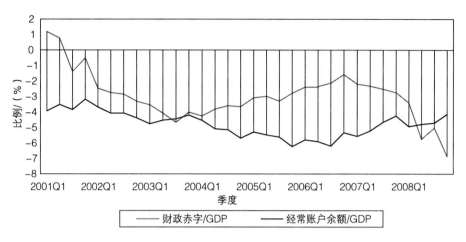

图5.4 小布什时期美国双赤字

数据来源：美国经济分析局美国国民收入和生产表。

目前来看，2017年上台的特朗普总统也在推行积极的财政政策，他已经签署了《减税和就业法案》，主要内容包括：①提高个人所得税起征点，降低各档税率，其中最高税率从39.6%降至37%；②个人所得税标准扣除额翻倍；③取消和调整数十项税收抵免和扣除；④将公司所得税最高税率从35%降低到21%，即从发达国家的最高水平下降到OECD国家的平均水平以下；⑤推行"属地"征税原则，未来美国公司的海外利润将只需在利润产生的国家交税，而无须向美国政府交税；⑥对美国公司留存海外的利润一次性征税，其中现金利润的税率为15.5%，非流动性资产的税率为8%。个人所得税变动的有效期至2025年年底，但公司所得税的改变是永久的。特朗普也宣布要进行大规模的基础设施建设，预计也将增加政府支出。

根据美国国会预算办公室的估计，政府预算赤字将从2017年的占GDP的3.5%上升到2021年的4.9%，从而推升经常账户赤字从2017年的占GDP的2.4%到2021年的3.6%。[25] 按照这个估计，经常账户赤字在4年内将上升50%。按照美国现在20万亿美元的GDP，经常账户赤字将上升到7 200亿美元左右。但国会预算办公室的估计可能低估了经常账户赤字，因为目前美国经济已经趋近或超过潜在产出，积极的财政政策对国内产出的促进作用会比较有限，反而会推升美元从而增加进口、减少出口来满足国内消费。

里根总统在大力推行减税政策时，默许了政府赤字和经常账户赤字的上升，与此不同的是，特朗普政府在减税的同时还瞄准了贸易逆差。要想财政赤字上升的同时减少经常账户赤字或贸易逆差，只有降低投资或者提高私有部门的储蓄率，这种情况只有在2007—2009年次贷危机时发生过。当时政府为了挽救金融危机财政赤字激增，但由于投资和消费大幅下跌，使得经常账户赤字好转。但目前来看，这两个选项基本不太可行。首先，特朗普政府降低了公司所得税会刺激企业投资。其次，降低个人所得税同样会刺激消费，同时由于美国经济如今非常强劲，劳动力市场出现了少有的职位数多于求职者的情形，因此家庭预计未来收入增加也会提升消费，在此情况下，私人部门的储蓄率大概率会下降。经济强劲增长和通货膨胀率的抬升会迫使美联储进一步提高利率，使得美元进一步走强，刺激进口增加出口减少，强势美元不利于减少贸易逆差。即使美国向所有自中国进口产品征税，虽然能够降低来自中国的进口，但来自其他国家和地区的进口则会增加，美国整体的贸易逆差和经常账户赤字还是会恶化。

特朗普总统执政期间积极财政政策的基调不会改变，减税政策已经付诸实施，大规模的基建尚未推出。由此看来，他的任期之内经常账户赤字继续恶化的概率颇高，中美贸易不平衡继续扩大的可能性也会很大，这种情况很容易导致中美的贸易冲突更进一步激化。根据中国海关2019年1月14日公布的贸易数据显示，2018年中国对美国贸易顺差创新高，同比增长17.2%，达到3 233.2亿美元，较2017年10%的增速明显提高，这是2006年以来的最高纪录。特朗普政府不会认为中美贸易失衡的原因在于自己的减税政策,而肯定会将持续扩大的贸易逆差归因于不公平贸易和中国政府的补贴行为。因此,中美贸易不平衡继续扩大将给两国的贸易谈判施加压力。

4. 美国为什么能够保持经常账户长期赤字?

经常账户的跨期理论表明经常账户余额的短期波动是正常的,经常账户赤字可以弥补短期内国内储蓄和投资之间的缺口,但长期内经常账户还是要保持平衡的,因为一个国家不能一直从其他国家借钱而不还钱。那为什么美国能够保持长期的经常账户赤字呢?

一个广泛流传的解释是美元的"特里芬悖论"(Triffin Dilemma)。1960年美国经济学家罗伯特·特里芬(Robert Triffin)在其《黄金与美元危机——自由兑换的未来》(*Gold and the Dollar Crisis: The Future of Convertibility*)一书中提出,布雷顿森林国际货币体系存在其自身无法克服的内在矛盾:由于美元与黄金挂钩,其他国家盯住美元,国际贸易用美元结算,这样其他国家就需要通过贸易顺差来积累美元,而美国只有通过贸易逆差才能输出美元,为世界各国提供流动性。[26]但美国长期贸易逆差将削弱其他国家对美元的信心,从而威胁到美元和黄金挂钩这一布雷顿森林国际货币体系的核心。因此美国必须保持贸易顺差来维持美元的坚挺。这一矛盾被称为特里芬悖论。

1973年布雷顿森林国际货币体系瓦解,美元不再与黄金挂钩,世界主要国家也采用了浮动汇率制度,但美元作为国际货币体系的核心地位并没有受到削弱。美元仍旧是国际贸易与金融市场的主要交易和结算货币,也是世界上其他国家的主要储备货币。因此,世界上其他国家仍然需要通过贸易顺差来积累美元,满足国际贸易、金融交易和储备需求,美国仍然不得不通过贸易逆差输出美元。换句话说,特里芬悖论在后布雷顿森林体系仍然有效。而且，美债作为避险资产在金融全球化的时代变得愈加重要。1997年亚洲金融危机之后，东南亚各国包括中国在内都积累了大量外汇储备以备不时之需，其中大部分都是美元资产。2007—2009年由美国次贷危机引发的全球性经济危机，也没有削弱美元的地位，美联储的量化宽松政策使得美债收益率接近零，其他国家仍然将美元资产视为最主要的避险资产。

从各个国家的官方外汇储备资产可以看出美元在当今世界货币体系中的地位。根据国际货币基金组织（IMF）提供的各国外汇储备资产数据[①]，截至2018年第三季度，全球官方外汇储备资产高达11.4万亿美元，其中美元资产占61.94%，欧元占20.48%，日元、英镑、加拿大元、人民币、澳元和瑞士法郎分别只占4.98%、4.49%、1.95%、1.8%、1.69%、0.15%。因此，只要美元仍然是国际货币体系的主要结算和储备货币，特里芬悖论将依然成立，而美国经常账户赤字的趋势将难以逆转。

第二个解释是美国的国外资产投资回报率高于外国投资者在美国的投资回报率，这样就可以弥补经常账户赤字，使得美国净国外资产头寸不恶化。研究发现，1990—2011年间，美国的国外资产年化投资回报率比外国投资者在美国的年化投资回报率高1.5%~2%，主要原因在于美国对外直接投资回报率比其他国家在美国的直接投资回报率要高5%。[27] 只要美国的国外资产投资回报率高于外国投资者在美国的投资回报率，就可以部分或者全部抵消经常账户赤字。以中美为例，中国持有的美元资产大部分是美国国债，2000—2013年平均年收益率为3.87%，而美国持有的中国资产基本上以外商直接投资为主，按照清华大学经济与管理学院白重恩教授的估算，同期中国的税前资本回报率平均高达21%，扣除了

---

① 国际货币基金组织，官方外汇储备货币组成（Currency Composition of Official Foreign Exchange Reserves）：http://data.imf.org/?sk=E6A5F467-C14B-4AA8-9F6D-5A09EC4E62A4[2019-9-17]。

生产税和企业所得税之后的资本回报率仍然有8%，远高于美国十年期国债年收益率。[28] 理论上讲，当中国用贸易顺差换得的美元去购买更多美国国债后，美国的企业再拿这些资金到中国投资设厂，就可以得到4%以上的超额收益。这些超额收益可以弥补经常账户赤字，保持美国净国外资产头寸稳定。

另外，美元贬值的估值效应也有利于美国的净国外资产头寸。先举个例子，假设美国持有国外资产10亿欧元，同时有10亿美元的美元外债，经常账户赤字1亿美元。假设去年欧元兑美元汇率1∶1，今年欧元对美元升值10%。这样美国国外资产的估值效应是1亿美元，正好用来抵消经常账户赤字1亿美元，所以今年美国净国外资产没有变化。美国加州大学伯克利分校皮埃尔−奥利维尔·古林查斯（Pierre-Olivier Gourinchas）教授和英国伦敦商学院海伦妮·蕾伊（Helene Rey）教授在芝加哥大学主办的《政治经济学杂志》（*Journal of Political Economy*）上发表文章支持这个"估值效应"理论。[29] 他们发现，美国持有的国外资产70%是非美元计价，而其他国家持有的美国资产基本是美元计价的。因此美元贬值就意味着美国的国外资产增值、国外债务贬值，从而净国外资产增值。他们也发现，通常美国经常账户赤字预示着美元在未来会贬值，而美元贬值则有利于美国净国外资产头寸改善，部分抵消前期的经常账户赤字。从某种意义上来讲，通过美元贬值美国"赖掉"了部分的前期债务。

第 6 章　美国打响贸易关税战第一枪

2018 年国际贸易进入了一个贸易保护主义硝烟四起的时代。美国政府接连放出大招，1 月对太阳能板和洗衣机进口征收高额保护性关税；2 月美国商务部终裁决定对来自中国的铝箔征收高额的反倾销反补贴税；3 月初宣布将对美国的钢材和铝材进口分别征收高达 25% 和 10% 的关税，更是向国际贸易和全球金融市场扔下一颗重磅炸弹，这也是特朗普政府打响贸易保护主义的第一枪。对贸易保护主义升温的担心导致全球股市大幅下挫和波动加剧。美国为什么要对钢铝进口征收高关税？对钢铝的高关税能够改善美国的贸易逆差吗？谁是最大的利益获得者？谁是受损者？对中国的影响有多大？

1. 关税战的第一枪是如何打响的？

根据美国《1962 年贸易扩展法》第 232 条款，美国商务部于 2017 年 4 月分别对钢铁和铝产品进口是否损害美国国家安全启动调查。2018 年 2 月 16 日，美国商务部向总统提交报告，判定钢铝进口伤害国家安全，并对钢铝进口分别提出两条建议：

（1）对所有美国进口钢材征收 24% 的关税；或者对中国、巴西、韩国、俄罗斯等 12 国征收至少 53% 的进口关税，同时对其他国家和地区的进口设置不高于 2017 年进口的配额；或者对所有向美国出口钢材的国家和地区设置等于2017年进口量63%的配额。

（2）对所有美国进口铝材征收7.7%的关税；或者对来自中国内地、俄罗斯、委内瑞拉、越南和中国香港地区的进口铝材征收23.6%的关税；或者对所有向美国出口铝材的国家和地区设置等于2017年进口量86.7%的配额。

特朗普2018年3月1日在白宫会见钢铁和铝业企业代表时，宣布将对进口钢铁和铝材分别征收25%和10%的关税，并且关税将维持"很长一段时间"，白宫表示细节将在3月5日这一周内公布。按照法律程序，特朗普原本将在2018年4月中旬前做出是否采取或采取何种贸易保护措施的决定。他的突然提前公开表态，引起了美欧亚股市的普遍下跌。同时由于美国从110多个国家和地区进口钢铝，许多钢铝出口国和国际组织纷纷表示反对美国单边的贸易保护措施。美国在贸易保护的单边主义道路上会不会越走越远，其他国家与地区和中国该如何应对，引起了市场的极大关注。

3月8日，特朗普发布声明，决定对进口钢铁和铝材产品分别征收25%和10%的关税，来自加拿大和墨西哥的进口钢铝产品被暂时豁免。关税决定于3月23日生效。3月22日，对来自加拿大、墨西哥、澳大利亚、阿根廷、韩国、巴西和欧盟的钢铝产品进口豁免至5月1日。4月30日，韩国同美国协商成功，对输美钢铁产品采用配额，因此韩国被豁免征收钢铝产品关税。美国同阿根廷、澳大利亚和巴西也在原则上达成一致，因此豁免期限被延长且没有时间限制。美国同加拿大、墨西哥和欧盟的钢铁关税豁免延长至6月1日。但到了5月31日美国发布声明，对加拿大、墨西哥和欧盟的豁免结束，开始征收关税。8月10日美国发布声明，宣布对土耳其进口钢材征收关税提高到50%，从8月13日开始实施。

美国的232调查源于《1962年贸易扩展法》，1962—1973年间由紧急计划办公室（Office of Emergency Planning/Preparedness）对威胁国家安全的进口产品进行调查，1973—1980年间则是由财政部负责调查，从1980年开始，由美国商务部进行调查。1980年至今共启动14次232调查，产品包括原油、石油产品、半导体、齿轮等。最近的两次分别是1999年的原油进口调查与2001年的铁矿石和半成品钢调查，不过这两次美国商务部并没有建议总统采取任何贸易保护措施。

2. 为什么对钢铝进口征收高关税？

美国钢材产地主要集中在东部紧密相连的四个州：印第安纳州贡献了全美27%的粗钢产量，俄亥俄州紧随其后贡献了12%的产量，密歇根州和宾夕法尼亚州则分别产出了6%的粗钢。这四个州的粗钢产量已经超过了全美产量的一半。其中，宾夕法尼亚州、俄亥俄州和密歇根州这三个传统民主党的票仓在2016年反转，为特朗普拿下总统宝座立下了汗马功劳。他们投票给特朗普的一个目的，就是希望特朗普当选以后能够利用贸易保护措施来保护当地的传统产业，如钢铁业。特朗普为了连任和在2018年的中期选举中保住共和党在国会的优势，采取贸易保护措施来满足选民要求也是顺理成章。

3. 对钢铝进口加征关税能减少美国的贸易逆差吗？

美国虽然是发达国家，但由于环保和成本因素，本国的钢材产量并不足以满足国内消费需求，因而长期依赖国际钢材的进口。近几年美国钢材净进口依赖度大约为20%，进口数量占表观消费量的1/3左右（见图6.1）。铝材对国际市场的依赖度则更高，2016年和2017年的净进口依赖度分别为53%和61%，进口数量超过表观消费量（见图6.2）。因此美国在钢材和铝材上都是贸易逆差。但由于钢材和铝材的进口总额并不高，比如钢材进口在 2017 年只占美国所有商品贸易进口额的 1.6%，铝材的进口额只有 0.7%，所以钢材和铝材贸易对美国的贸易逆差贡献非常有限，分别只占 2.7% 和 1.3%。因此，通过提高钢材和铝材关税降低贸易逆差的愿望恐怕是难以实现的。

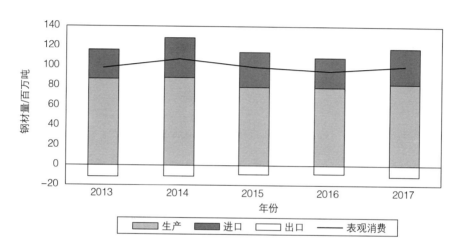

图6.1　2013—2017年美国钢材生产、进出口和表观消费

数据来源：矿产商品概要 2018，CEIC 数据库。

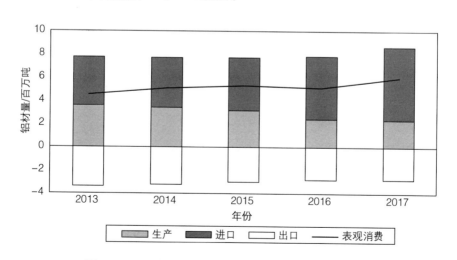

图6.2　2013—2017年美国铝材生产、进出口和表观消费

数据来源：矿产商品概要 2018，CEIC 数据库。

4. 钢铝关税战震撼全球

美国发起的这场钢铝关税战无疑给国际贸易和金融市场扔下了一颗重磅炸弹。首先，美国是世界上钢材进口量最大的国家，据全球钢材贸易监测统计，2016年美国总共进口了约3 000万吨钢材，占世界钢材总贸易量的7%，远超排名第二的德国和排名第三的韩国（见图6.3）。所以虽然美国不是钢材主要生产者，但它在国际钢材市场上的地位却举足轻重。

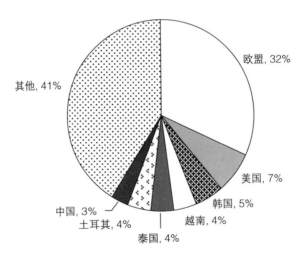

图6.3 2016年主要国家钢材进口占世界进口比重

数据来源：世界钢铁协会发布的《钢铁统计年鉴（2017）》。

其次，美国从110多个国家和地区进口钢材，主要来源地包括加拿大、巴西、韩国、墨西哥、俄罗斯、土耳其、日本、德国、印度等国家和中国台湾地区，遍及世界各地，涉及面比之前的洗衣机和太阳能板贸易伙伴要广得多（见图6.4）。美国铝材进口的情况也类似。因此，美国对钢铝产品征税遭到了众多贸易伙伴的指责与反对，各国和地区纷纷采取贸易报复措施。加拿大政府2018年5月31日宣布对总价值约166亿加元（约合128亿美元）的进口美国商品征收报复性关税，征税清单包括钢铝产品、枫糖浆、威士忌、橙汁等。墨西哥已于2018年6月初对部分美国商品开征最高税率25%的关税，苹果、猪腿肉、奶酪、钢铝产品等均在清单上。欧盟从2018年6月22日起对自美国进口的价值28亿欧元的商品加征关税，征税清单包括钢铝产品、农产品等。土耳其、俄罗斯、印度和中国都出台了相应针对美国部分商品的报复性关税措施。

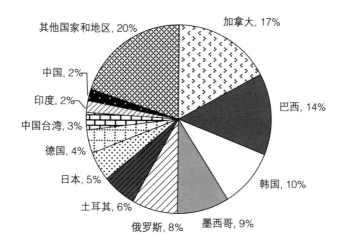

图6.4　2017年美国钢材进口来源地分布

数据来源：美国商务部国际贸易局，CEIC数据库。

最后，美国商务部此次借"国家安全"之名对钢铝进口采取贸易保护措施，面向所有或主要进口国和地区，不像反倾销反补贴调查那样一般是针对某个产品和国家，也不需要寻找替代国来计算倾销和补贴额度，随意性比较大，比较容易引起贸易伙伴的贸易报复。因此，国际市场对美国点燃全球性的贸易保护主义非常担忧，贸易政策的不确定性严重威胁2017年刚刚开始复苏的全球贸易。

5. 谁是最大的赢家和输家？

美国钢铝行业生产者和工人会是钢铝关税提高的受益者。美国主要的钢铁、铝制品生产商的生产、就业、利润将会因为关税提高而有所改善，股票价格抬升。美国前六大主要的钢铁制造商有纽柯钢铁公司（Nucor Corporation）、安赛乐米塔尔公司（Arcelor Mittal USA）、美国钢铁公司（United States Steel Corp.）、盖尔道钢铁公司北美分公司（Gerdau North America）、钢铁动力公司（Steel Dynamics Inc.）和AK钢铁控股公司（AK Steel Corporation）（见表6.1）。美国主要的铝制品企业是美铝公司（Alcoa）和世纪铝业（Century Aluminum）。不过钢铁行业和铝制品行业的就业规模不大，钢铁业大概有15万工人，铝业约有2.8万工人，因此对整体就业的改善有限。

表6.1 2016年美国前七大钢铁制造商

排名	公司	产量（百万吨）	主要产品
1	Nucor Corporation	22	栅栏、横梁、薄板、金属板
2	ArcelorMittal USA	15	热轧、冷轧、板材、涂层产品、导轨
3	United States Steel Corp.	14.2	热轧、冷轧、涂层板、管状产品
4	Gerdau North America	12.4（北美产量）	梁、桩、钢坯、钢筋、螺纹钢
5	Steel Dynamics Inc.	7.4（2014年装运量）	扁钢、钢结构、栅栏、铁轨
6	AK Steel Corporation	5.1	热轧、冷轧、镀锌、不锈钢、电器
7	Commercial Metals Co.	2.8（产量）	钢筋、栅栏、型材、方坯

数据来源：世界钢铁协会，金融公报，Iron and Steel works of the World Directory 2017和各公司网站。

对钢材和铝材征收高额关税，美国主要的钢铝进口国和美国本土的钢铝材行业的下游行业及消费者利益将会受到损害。美国钢材市场对加拿大、墨西哥和巴西尤为重要，因为它们的主要钢材出口目的地就是美国。比如，2016年美国分别占加拿大、墨西哥和巴西钢材出口的88%、73%和34%。如果美国对钢材征收25%的进口关税，这三个国家的钢材出口必然受到沉重打击。所以，这些国家对美国的钢材保护进口关税措施特别敏感，反应尤为强烈。

美国钢材和铝材的下游行业会受到成本提高的负面影响，就业和企业利润都会下降。相关的下游行业主要有交通运输、建筑、电子产品和机械设备，特别是汽车和航空业。目前还很难对钢铝下游行业所受损失做出准确估计，但美国的汽车行业已经感受到了提高钢铝关税的影响。据路透社报道，美国第一大汽车生产商通用汽车2018年11月表示计划关闭在美国的三家工厂，部分原因在于美国提高钢铝关税导致通用汽车的生产成本上升了将近10亿美元。

回顾2002年3月小布什政府对钢铁业的保护，也有助于我们分析消费者承受的成本。当时小布什政府对将近一半的钢材产品进口也实施了最高达30%的关税和配额，但对部分国家进行了豁免，主要受到影响的是欧盟、中国和日本。半年后美国钢价比欧洲的钢价高约30%，美国消费行业贸易行动联盟（CITAC Foundation）的一项研究表明，高企的钢价使得钢铁消费行业在2002年失去了将近20万的就业，这一数字已经高于2002年钢铁行业的总就业人数，相当于40亿美元的工资收入损失。[30] 彼得森国际经济研究所的一项研究也表明，钢铁关税保护下的消费者损失非常高，每保住一个钢铁业的工作岗位，消费者每年要付出约36万美元的成本。[31] 相比之下，特朗普提高钢铝产品关税很可能是对大部分进口国一视同仁，而且是针对所有钢铁和铝材进口产品，覆盖面更大，因此这次消费者承担的成本会高于小布什政府时期的钢铁进口关税。

进口钢材和铝材产品价格的提高会推动钢材和下游产品的价格，不过鉴于钢铝制品在整体消费品篮子中比重不大，对下游行业的价格传导也不会太强，因此对美国整体的通货膨胀影响预计不高。

6. 对中国的影响有多大？

美国提高进口钢铝关税对中国总体来说影响非常有限。中国虽然是世界上最大的钢材生产国，产量占世界钢材总产量的将近一半，但对美国的钢材直接出口却非常少，2017年中国钢材成品出口到美国不到100万吨，约占美国钢材总进口的3.2%，半成品出口量也不多，而且美国市场在中国钢材出口市场中的比重也日渐下降。但是，中国通过全球价值链最终向美国消费者提供的钢铁产品可能要比直接出口高得多。比如，韩国60%的钢铁进口来自中国，而其12%的钢铁出口到美国，因此如果美国对来自韩国的钢铁进口征收高关税的话，必然影响韩国从中国的钢铁产品进口。

面对全球性的钢铝产能过剩和日渐升温的贸易摩擦，中国政府仍应强调去产能，尤其是去除低质量小企业生产地条钢的产能。金属价格的回升会掩盖产能过剩的状态，并使各种地条钢产能死灰复燃，中国政府应坚定去钢铁产能立场，不然在未来几年由于贸易战导致钢铁出口需求下降，产能过剩问题会更加突出。因此，在2018年政府工作报告中，李克强总理也强调要继续削减钢铁行业产能3 000万吨。同时，减少钢铝行业出口退税和各级政府的各种隐性补贴，并增加对"一带一路"沿线国家和地区的基建与交通投资，带动钢铁和铝材的出口，使出口国目的地分散化。

7. 反全球化的兴起

特朗普政府发起的钢铝产品贸易战，打响了2018年美国贸易保护主义的第一枪。这一方面是为了倡导"美国优先"，为"铁锈地带"的选民提供贸易保护，从而获得他们对中期选举和连任的支持，另一方面是向各国和地区祭出关税大刀，如果各国和地区想获得关税豁免或者取消钢铝高关税，就必须与美国进行谈判。比较典型的是，美国借此要挟加拿大和墨西哥在北美自由贸易协定的重新谈判中做出了更多让步。

紧接着，特朗普政府打响了贸易关税战的第二枪，即发布中国"侵犯"美国知识产权的301调查结果，并向自中国进口的500亿美元商品征收25%的关税，中国随即表示反制，一场史上规模最大的、发生在世界最大的两个经济体之间的贸易战由此掀开序幕。

与此同时，特朗普一直威胁对汽车进口征收高关税。2018年5月23日，美国商务部启动汽车进口的232调查。根据法律，美国商务部需要在270天内向总统提交调查结果和建议。总统在收到报告的90天内，如果调查显示进口威胁了美国的国家安全，那么总统需要决定是否同意调查结果及采取何种行动来调节进口。如果美国打响贸易关税战的第三枪即对汽车进口也征收高关税，那么这就是美国针对全世界发动的第二次世界大战以来最大规模的贸易战了。

2016年6月23日，英国举行关于其欧盟成员资格去留问题的公投。几乎是出乎所有人的预料，选择退出欧盟的票数微弱多于选择留下的票数。根据《退出欧盟法案》，英国将在2019年3月29日23时退出欧盟。2018年美国掀起了钢铝贸易战和针对中国的贸易战。传统的倡导自由贸易的老牌资本主义国家、当今自由贸易体系的创立者——英美两国首先掀起了反对全球化的浪潮，发人深省，这无疑将对当今世界政治经济秩序造成巨大冲击。

（本文部分内容曾发表于《金融时报》中文网，2018年3月7日，为了便于阅读做了修订。）

第 7 章 中美关税贸易战量化分析

自 2018 年 3 月美国 301 调查裁定中国"侵犯"知识产权开始，中美贸易冲突持续升级、愈演愈烈。2018 年 3 月初，美国商务部发布关税清单，拟对中国出口美国的 HS8 位海关商品编码下 1 333 种商品征收 25% 的关税。同日，中国采取"以牙还牙"的策略，宣布对大豆、汽车、飞机等 234 种总计 500 亿美元的自美国进口商品征收等额关税。接下来的两个月，虽然中国政府极力想通过谈判避免贸易战，但多轮磋商后双方因分歧太大而导致谈判失败。2018 年 6 月 15 日，美国发布了经调整后的加征关税的商品清单，决定对约 340 亿美元自中国进口商品自 7 月 6 日起加征关税，其余 160 亿美元商品经过听证后自 8 月 23 日起加征关税。中国政府采取了对等策略，分两批对自美国进口的 500 亿美元商品同时间开始征收同等关税。中美关税贸易战第一波正式拉开序幕。

针对中国的贸易报复措施，2018 年 7 月美国宣布对额外的自中国进口的 2 000 亿美元商品加征 10% 的关税，2018 年 8 月初宣布进一步将关税提高到 25%。对此，中国宣布以等比例的方式对 600 亿美元自美国进口商品征收 5%~25% 不等的关税。2018 年 9 月中旬，中美关税贸易战第二波落地。美国宣布 9 月 24 日起对来自中国的 2 000 亿美元进口商品征收 10% 的关税，2019 年 1 月 1 日起提高到 25%。中国则表示将同时间对自美国进口的 600 亿美元商品征收 5% 及 10% 两级关税。2018 年 12 月初中美两国元首在阿根廷 G20 峰会会晤之后，同意暂停原定于 2019 年 1 月 1 日起加征新的关税,继续维持当前 10% 的关税水平 90 天,以便双方展开贸易谈判。

然而,由于中美双方巨大的立场差异,经过多轮谈判双方仍然未能就贸易冲突达成一致。2019 年 5 月 5 日,特朗普在推特上宣称将于 5 月 10 日起,提高原 2 000 亿清单商品的关税到 25%,并宣称将对从中国进口的剩下 3 000 亿美元商品加征关税。① 针对特朗普的极限施压,中国也对 600 亿美元自美国进口商品提高关税。中美之间更大规模的关税贸易战第三波开始登场。

2019 年 8 月初,特朗普宣布从 9 月 1 日起对自中国进口的剩下 3 000 亿美元商品加征 10% 的关税。8 月 13 日美国贸易代表办公室宣布 3 000 亿美元加征关税分两个阶段实施,部分产品加征关税延迟至 2019 年 12 月 15 日。对此,2019 年 8 月 23 日中国做出反制,中国国务院关税税则委员会发布公告,决定对原产于美国的约 750 亿美元进口商品加征 10%、5% 不等关税,分两批分别自 2019 年 9 月 1 日、12 月 15 日起实施。特朗普立即在推特上表示,已经开始加征 25% 关税的 2 500 亿美元自中国进口商品关税税率从 10 月 1 日开始提高到 30%(后因中美贸易谈判取得进展而暂时不提高加征关税),而剩下的 3 000 亿美元商品关税税率从 10% 提高到 15%,实施日期不变。中美之间的关税贸易战,终于演变成覆盖两大经济体的绝大部分贸易商品的全面贸易战,也是第二次世界大战以来规模最大的关税贸易战。受贸易战拖累,世界经济陷入衰退的可能性也大大增加。

本章我们首先分析中美关税贸易战清单,通过横向对比中美清单和纵向对比中美清单前后变化来分析清单的特点、分布特征和双方的策略

---

① 美国对自中国进口的原 2 000 亿美元商品的关税后来推迟到 2019 年 6 月 15 日才提高至 25%。

意图。其次，我们采用两种方法分析中美关税对双边贸易的影响。第一种方法是事先预估法，即在双方宣布加征关税后而新的贸易数据还没有公布出来时，根据双方清单的商品名单和惩罚性关税税率，用经济学进口需求价格弹性方法和2017年两国的双边贸易来预估双方的出口损失和分布结构。这一简单计算旨在分析关税可能带来出口损失的量级有多大，以及受损的行业、区域和企业属性。这一方法在2018年被各政府机构、金融机构、大学和智库广泛用来预估中美关税贸易战对两国出口的影响。第二种方法是事后估算法，我们使用2018—2019年的中美贸易数据来测算关税对双边贸易同比增速的影响。

通过分析我们可以得出以下主要结论：

(1) 事前事后两种分析方法都表明加征关税对中美双边贸易有显著影响。由于美国对中国加征关税的进口总额高于中国，中国出口损失要高于美国出口损失。但我们利用2018—2019年中美贸易数据的分析表明，对那些受到加征关税影响的商品而言，关税对中国自美国的进口同比增速影响更大，尤其是第一批500亿美元清单。

(2) 由于中美都是贸易大国，目前两国之间的关税冲突对两国的整体贸易情况和产出影响比较有限。

(3) 美国的消费者和农民将是这场不断升级的关税贸易战最大的受害者。由于美国依赖中国的消费品出口，美国对中国出口商品加征关税并没有导致中国出口价格下降，因此关税产生的额外成本基本上转移到了美国消费者身上。而中国对美国的反制主要是针对美国农产品如大豆，因此美国农民将不得不承担中美关税贸易战的成本。

(4) 中美关税贸易冲突是历史上第一场全球产业链紧密联系的世界最大两个经济体之间的关税大战。中间产品在中美各个清单中占比都很高，产业链上的双边关税将会波及产业链上的各个国家与地区的厂商和消费者。

1. 中美加税清单对比

本节将美国公布的清单分为六个：①2018年4月3日公布的价值500亿美元的加税清单（以下简称"初始500亿清单"）；②2018年6月15日公布的500亿美元清单中价值340亿美元的清单一和2018年8月7日公布的价值160亿美元的清单二，构成了最终分批实施的500亿美元清单（以下简称"实施500亿清单"）；③2018年8月2日宣布的价值2 000亿美元的加税清单，该清单最初于7月10日公布，拟加征税率为10%（以下简称"初始2 000亿清单"）；④2018年9月17日宣布将于9月24日开始征收10%关税的2 000亿美元清单（以下简称"实施2 000亿清单"）；⑤2019年6月15日起，对自中国进口的2 000亿美元商品加税税率从10%提高至25%（以下简称"升级2 000亿清单"）；⑥2019年5月14日美国公布拟对中国加征关税的3 000亿美元初始清单，几乎所有暂未加征关税的商品都被列入了这一清单。2019年8月13日美国贸易代表办公室调整了3 000亿美元的清单，并表示分两个阶段实施加征10%关税，部分产品从9月1日开始加征关税，其他产品则延迟至2019年12月15日。2019年8月24日特朗普宣布将这部分商品关税从10%提高到15%（以下简称"实施3 000亿清单"）。

中国对美国第一批500亿美元和第二批2 000亿美元加税分别做出了"对等"和"等比例"反制。针对美国将2 000亿美元关税升级，中国也相应提高了600亿清单的关税税率，并对此前"实施600亿清单"做出了细微调整。针对美国3 000亿美元加征关税，中国决定对原产于美国的约750亿美元进口商品加征10%、5%不等的关税，分两批分别自2019年9月1日、12月15日起实施。因此中国的清单分为6个：初始500亿清单，实施500亿清单，初始600亿清单，实施600亿清单，升级600亿清单，实施750亿清单。

我们将中美各自的清单与它们2017年从对方的进口数据相匹配，匹配上的商品进口金额跟宣布的目标非常接近。比如，当匹配美国的500亿美元拟征关税商品名单和2017年美国自中国进口商品后，实际涵盖的产品2017年自中国进口总值大约462.7亿美元，这与美国商务部宣称的500亿美元是基于2018年估计的进口数据说法一致。根据匹配结果，表7.1和表7.2分别列出了根据2017年双边贸易计算的中美加征关税商品清单的简单统计。

表7.1 美国加税清单概况

清单	公布日期	实施日期	加征关税税率（%）	HS8商品条目	金额（亿美元）	占美国从中国进口份额（%）	占美国同类商品进口份额（%）
初始500亿	2018/4/3	—	25	1 333	462.7	9.15	9.00
实施500亿	2018/6/15 2018/8/7	2018/7/6 2018/8/23	25	1 097	460.3	9.10	11.20
初始2 000亿	2018/7/10	—	10	6 031	1 965.9	38.88	25.50
实施2 000亿	2018/9/17	2018/9/24	10	5 745	1 884.4	37.27	25.30
升级2 000亿	2019/5/5	2019/6/15	25	5 745	1 884.4	37.27	25.30
实施3 000亿	2019/8/13	2019/9/1 2019/12/15	15	3 782	2 532.9	50.10	47.70

表7.2 中国加税清单概况

清单	公布日期	实施日期	加征关税税率（%）	HS8商品条目	金额（亿美元）	占中国从美国进口份额（%）	占中国同类商品进口份额（%）
初始500亿	2018/4/4	—	25	106	480.9	32.40	32.30

(续表)

清单	公布日期	实施日期	加征关税税率（%）	HS8商品条目	金额（亿美元）	占中国从美国进口份额（%）	占中国同类商品进口份额（%）
实施500亿	2018/6/16 2018/8/8	2018/7/6 2018/8/23	25	878	479.5	32.31	16.60
初始600亿	2018/8/3	—	5、10、20、25	5 207	531.4	35.81	6.70
实施600亿	2018/9/18	2018/9/24	5、10	5 207	531.4	35.81	6.70
升级600亿	2019/5/13	2019/6/1	5、10、20、25	5 140	524.6	35.35	6.70
实施750亿	2019/8/23	2019/9/1 2019/12/15	5、10	5 078	732.6	49.36	10.75

1.1 中美关税贸易战策略对比

特朗普政府对这场史无前例的中美贸易战是有备而来的。首先，美国经济增长在2018年颇为强劲，特朗普政府又推行了大规模的减税政策，有利于其进一步提振国内经济。其次，美国政府以301知识产权调查为起点，对来自中国的500亿美元进口商品征收惩罚性关税，然后不断升级，对剩下的2 000亿美元和3 000亿美元自中国进口商品加征关税，分三波对中国出口加征关税的极限施压方法和抛开WTO的单边主义做法，目的皆在于获得更大的谈判主动权，达成有利于美国的贸易协定。

在中美关税贸易战的第一波500亿美元加征关税的较量中，美国剑指中国高端制造业，而中国拳打美国重点出口产品。虽然课税进口价值相当，但美国相对受损更为严重。美国500亿美元的初始清单和最终实施清单，涵盖了1 000多种HS8位码产品，主要针对的行业是机械、机床器具，电机、电气、音箱、电视设备，光学、照相、医疗、精密仪器等技术和资本密集型行业，并没有针对中国传统的具有比较优势的劳动力密集型行业，如纺织和家具，反而把枪口对准了中国相对高端的制造业，也就是《中国制造2025》强调的中国未来需要发展和加强的高端行业。这也是美国301调查的目的所在，裁决中国"侵犯"美国知识产权，然后力图阻止科技和知识转移到中国。

第一波关税贸易战时，中国采取了等额进口等值关税的"以牙还牙"的强硬立场。2018年4月初中国对美国的500亿美元征税清单只覆盖了106种商品，但涵盖了美国出口中国的三大产品：飞机、汽车和大豆。无疑最初中国是采取"不战而屈人之兵"的策略和抱着"以战止战"的目的来应对的，希望以威胁对美国的重点出口商品征税来迫使美国撤回惩罚性关税。中国最终实施的500亿清单涵盖的商品更多，删除了飞机等航空航天器，新增了鱼、甲壳动物和矿物燃料等初级产品，应该是考虑到了本国企业和市场对美国产品的依赖度及美国产品的可替代性。这一点可以从表7.2中看出来，自美国进口商品占中国同类商品进口份额在初始清单中高达32.3%，而在实施清单里只有16.6%。这个比例低说明中国更容易从其他国家和地区找到替代产品，可以说中国最终实施的清单比初始清单更加理性。

第一波关税贸易战是"等额进口等值关税"，但实际上中国对美国出口的打击力度强于美国。主要是因为美中双边货物贸易存在较大逆差。美国统计局公布2017年美国从中国进口为5054.7亿美元。据中国海关统计，2017年中国自美国进口为1.04万亿元人民币，按照2017年全年人民币平均汇率1美元兑6.75元人民币折算，约合1540亿美元。同样的500亿清单，占中国对美国出口比例约为10%，占美国对中国出口比例约为1/3。

针对第一轮关税贸易战中中国的强硬态度，美国进一步加码，宣布对自中国进口的额外 2 000 亿美元商品征收 10% 的关税，后来由于贸易战压力导致人民币开始显著贬值，部分抵消了美国关税的影响，美国又将关税税率从 2019 年 1 月 1 日开始提高到 25%。美国的层层加码给中国带来了极大压力。由于中国自美国进口额不足 2 000 亿美元，这导致了在第二波关税贸易战时中国不能采用"等额进口等值关税"的针锋相对的策略，中国采取了等比例的反击方式对自美国进口的 600 亿美元商品征收 5%~25% 不等的关税。600 亿美元占中国自美国总进口约 1 500 亿美元的 40%，对应美国 2 000 亿美元占自中国进口约 5 000 亿美元的 40%。这一波关税较量，中方的出口损失将会比美国大得多。不过人民币贬值可以部分抵消美国的关税。另外，中国对于征税商品的进口可替代性控制得比美国好。在中国实施 600 亿的清单中，加税商品自美国进口额占中国总进口额的平均比重仅为 6.7%，而美国实施 2 000 亿清单对应的比重为 25.3%。这意味着，中国能更容易更迅速地寻找到进口替代品。因此，中国对美加征关税更不容易引起国内商品的价格上涨，从而降低关税对本国消费者和企业成本的影响。同时，中国的 600 亿清单涵盖了 5 000 多种进口产品，说明中国在第二波关税战中采取的是广泛打击的策略，不同于第一轮重点打击的策略，其目的在于促使更多的美国企业反对特朗普政府发起的关税贸易战。

根据联合国广泛经济活动分类（BEC Rev.4）来看，美国从中国进口的中间品、资本品和消费品比例分布较为均匀，消费品比重为 28.6%；中国从美国进口以中间品为主（超过 60%），消费品比重只有 6.2%（见图 7.1）。美国一开始的实施 500 亿清单特意避开了消费品，涉及商品的消费品比例仅为 1.1%（见表 7.3），远低于总体水平，目的在于避免对本国消费者的伤害。但当课税商品扩大至额外的 2 000 亿美元时，消费品已经无可避免。在2 000亿美元商品清单里，超过1/5是直接影响美国民众的消费品，这直接违背了特朗普政府宣传的对中国的贸易战将不会损害美国消费者的利益的承诺。相比之下，中国清单没有刻意降低消费品比重，不过由于其从美国进口的消费品比例较低（约为6%），因此两轮加税清单中消费品比例都不高（最高为7.2%）。因此，美国的2 000亿清单会对其民众产生较大的直接负面影响，而中国消费者受到的直接负面影响相对可控。

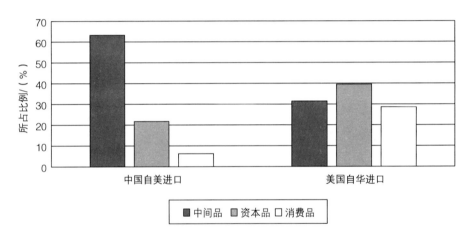

图7.1　2017年中美双边进口的BEC分布

注：因为还有未分类组，所以加起来不等于100%。

中美关税贸易战的第二波较量中，美方不断加码，但因为消费品比例上升，伤敌一千、自损八百。中方减码转攻为守，人民币贬值再加上选择进口替代容易的美方产品来降低美方关税的负面影响。美国第二波关税加码说明了美国对华鹰派势力抬升，希望通过进一步极限施压迫使中国退让，而中国第二波的关税反击力度低于第一波，说明中国对待关税贸易战态度有所缓和，不希望进一步激化中美矛盾。

表7.3 中美加征关税清单产品类别对比　　　　单位：%

广泛经济活动分类(BEC Rev.4)	美国					中国				
	初始500亿清单	实施500亿清单	初始2000亿清单	实施2000亿清单	实施3000亿清单	初始500亿清单	实施500亿清单	初始600亿清单	实施600亿清单	实施750亿清单
中间品	41.2	52.7	48.0	47.8	13.9	53.8	64.2	66.6	66.6	62.7
资本品	43.6	42.5	29.3	29.7	47.1	20.3	1.7	26.2	26.2	11.2
消费品	11.5	1.1	22.7	22.3	38.9	0.9	6.9	7.2	7.2	8.7
未分类	3.7	3.7	0.0	0.2	0.1	25.0	27.2	0.0	0.0	17.4
总计	100.0	100.0	100.0	100.0	100.0	100.0	100.0	100.0	100.0	100.0

2018年12月初，中美两国元首在阿根廷G20峰会期间就贸易问题举行会晤，美国同意暂停原定于2019年1月1日起加征新的关税，继续维持当前10%的关税水平，同时中国也宣布对600亿美元自美国进口商品征收5%~10%关税保持不变，双方开始新一轮贸易谈判。然而，由于中美双方巨大的立场差异，经过多轮谈判双方仍然未能就贸易冲突达成一致。主要原因在于美国不接受中方提出的三点要求：第一，达成贸易协定时必须撤销先前增加的关税税率；第二，美方要求采购的数额须合理；第三，贸易协定文本上双方须平等。

贸易谈判久拖不决使得特朗普失去了耐心，2019年5月5日，特朗普突然在推特上宣布，将自中国进口的2000亿美元商品加税税率从10%提高至25%，同时威胁将马上对剩余的3000多亿美元自中国进口商品加征关税。3000亿美元初始清单涵盖了手机、电脑等电子产品和家具、玩具等日用消费品，而且从2017年美国进口数据来看，消费品在3000亿美元初始清单中占比高达35.7%。因此，美国消费者将受到较大的冲击。同时，对美国来说要实现进口替代将更为困难。3000亿美元初始清单上的商品，几乎占到了美国同类商品总进口额的一半。中国也宣布对原产于美国的价值约 600 亿美元商品提高加征关税税率，由原来的 5% 和 10% 两级关税升级为 5%、10%、20%、25% 四级关税。

2019 年 8 月 23 日，中国做出反制，决定对原产于美国的约 750 亿美元进口商品加征 10%、5% 不等的关税，分两批分别自 2019 年 9 月 1 日、12 月 15 日起实施，并决定对原产于美国的汽车及零部件恢复加征关税。特朗普随即加码，宣布对已经开始加征 25% 关税的 2 500 亿美元商品关税税率从 10 月 1 日开始提高到 30%（后因中美贸易谈判取得进展而暂时不提高加征关税），而剩下 3 000 亿美元商品关税税率从 10% 提高到 15%，实施日期不变。中美关税贸易战第三波涉及双方一半的进口，意味着中美关税贸易战陡然升级，使得全球经济蒙上了巨大的不确定性。2019 年 7 月 29 日，美联储宣布降息 25 个基点，这是美联储 2015—2018 年九次加息以来的第一次降息。2019 年 8 月 5 日，在岸、离岸人民币对美元双双突破 7 元大关，创下 11 年来新低。次日，美国财政部在特朗普指示下裁定中国为"汇率干预国"。2019 年 9 月 19 日、10 月 31 日，美联储又先后两次宣布降息 25 个基点。2019 年 9 月，人民币汇率突破 7.1 关口，中美关税贸易战开始蔓延至货币和金融领域。

1.2 出口损失的事先估计方法

本节我们根据中美双方进口商品的需求价格弹性和 2017 年两国双边贸易数据，预估中美两国对进口商品互征关税对双边贸易的影响。这一方法在 2018 年 3 月中美爆发关税贸易战之后被各政府机构、金融机构和学术机构广泛用来预估贸易战对中美双边出口的影响。以美国针对中国商品加征关税为例：首先，将美国清单中的 HS8 位码下的商品名录与中国出口美国的数据匹配起来。因为中美双方的商品只有在 HS6 位码下才能匹配，因此按照美国从中国进口的 HS8 位码商品的贸易额为权重计算

HS6 位码下商品的加权关税。然后将该 HS6 位码下的加权关税与中国的出口数据匹配起来,并利用美国各商品(HS6 位码)进口量对关税的弹性计算对应的关税上升导致的中国出口下降量。具体方法如下:

记某商品的中国离岸价格为 p_f,美国到岸价格为 p_c,简单假设中国离岸价格和美国到岸价格的差别在于美国对此商品征收的从价关税 τ,所以 $p_c = p_f \tau$。假设该商品美国进口量为 q,进口需求弹性为 ε,由弹性的定义可知:

$$\varepsilon = \frac{\Delta q / q}{\Delta p_c / p_c}$$

其中 Δq 和 Δp_c 分别为进口量的变化和进口价格的变化。进口需求弹性意味着进口价格上升 1 个百分点,进口量下降 ε 个百分点。由中国离岸价格和美国到岸价格的关系可知,$\frac{\Delta p_c}{p_c} = \frac{\Delta p_f}{p_f} + \frac{\Delta \tau}{\tau}$,在假设中国离岸价格不变的情况下,即美国加税完全传导给了美国进口商,由此可得,$\frac{\Delta p_c}{p_c} = \frac{\Delta \tau}{\tau}$,所以,

$$\Delta q / q = -\varepsilon \Delta p_c / p_c = -\varepsilon \Delta \tau / \tau$$

在假设中国离岸价格不变的情况下,中国对美国的出口额(EX)的变化量为:

$$\Delta EX = p_f \Delta q = -\varepsilon \times \Delta \tau / \tau \times EX$$

简单来讲,该公式表明该商品中国出口损失等于美国进口弹性、美国关税变化幅度和关税变化前中国对美国出口额的乘积。进口弹性越高、关税上升幅度越大、中国对美国出口越多,则关税对中国造成的损失就越大。如果计算得出的商品出口额下降超过 2017 年的出口额,即当

估计的出口下降超过 100% 时，假设高关税实施后该商品中国对美国出口额为零。

假设出口离岸价格不变意味着将主要考虑美国提高进口关税对中国出口到美国的货物量的影响。虽然中国出口离岸价格很可能会因关税提高而下降，将导致低估关税对出口额的影响，但出口价格下降也会部分抵消高关税对出口量的负面作用，因此假设出口价格不变不仅方便计算，也是一种基准状况以便分析。这种利用弹性计算局部均衡下贸易额变化的方法也被各国和世界银行等国际组织广泛采用，用来量化分析关税或贸易壁垒下降对贸易的提升作用。

后续分析使用的弹性系数来自世界银行 WITS（World Integrated Trade Solution）数据库。中国和美国各商品的进口弹性的中位数都接近 1（分别为 0.997 和 0.998），所以对于没有进口弹性的商品，使用 1 作为进口弹性替代值。从图 7.2 和图 7.3 所示的弹性分布来看，中美的进口弹性非常相似：中位数都在 1 附近，大部分（超过 70%）商品的进口弹性小于 2。不过从中美两国进口弹性数据的统计分析来看，世界银行提供的进口弹性数据可能存在一个有待改善的地方：进口弹性的最大值较大且高进口弹性商品的比例不小。以美国的进口弹性为例，超过 4% 商品的进口弹性大于 50，意味着这些商品的价格提高 2%，美国对该商品的进口就会减少到 0。主要原因在于估计的进口弹性与该商品在进口额中的比例成负相关关系，比例越小的商品越容易被替代，进口弹性就越大。所以进口弹性估计值高的商品一般进口比例较小。通过假设关税上升商品出口最多下降至零，避免了这些高弹性商品对出口损失估计的不正常影响。

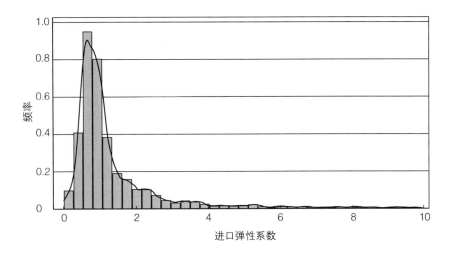

图7.2 中国进口弹性分布

注：中国进口弹性超过10的商品比例为8.5%。

数据来源：世界银行WITS（World Integrated Trade Solution）数据库。

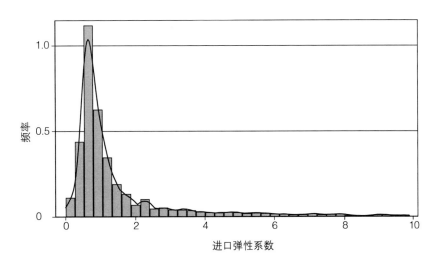

图7.3 美国进口弹性分布

注：美国进口弹性超过10的商品比例约为13%。

数据来源：世界银行WITS（World Integrated Trade Solution）数据库。

2. 美国清单：中国出口损失

到 2019 年 9 月，美国已经分别对 2 500 亿美元和 3 000 亿美元的中国商品征收 25% 和 15% 的关税。因此，我们计算了美国的实施 500 亿、实施 2 000 亿、升级 2 000 亿、实施 3 000 亿四个加征关税清单下的中国出口损失情况。

首先，分清单看，如图 7.4 所示，最终实施的 500 亿清单和升级的 2 000 亿清单加征 25% 关税将分别导致中国对美国出口损失约 134 亿美元和 471 亿美元，对 3 000 亿美元加征 15% 的关税预计将导致中国对美国出口损失约 365 亿美元。因此，中国对美国出口预计将减少 970 亿美元，该损失占 2017 年中国对美国出口的 22.6%，占中国总出口的 4.9%。如果 2 500 亿美元商品的关税提高到 30%，这将导致中国对美国出口损失约 688 亿美元。如果最后的 3 000 亿清单关税提高到 25%，则中国对美国的出口预计将会减少 651 亿美元左右。在这种极端情形下，中国对美国出口预计将会减少 1 339 亿美元，占 2017 年中国对美国出口的 31.2%。

其次，高端制造业一直是美国对中国进行打击的重点对象，而随着关税贸易战的升级，消费品不得不被卷入其中。如图 7.5 所示，"85. 电机、电气设备及录音机等"和"84. 核反应堆、锅炉、机械器具"两个行业的出口损失在四个清单中都位列前两位。

美国实施 500 亿清单刻意避免了直接伤害消费者，因此中国出口美国的商品中消费品损失比重只占 3.7%。但随着加税商品范围的扩大，美国对来自中国的商品征税不得不覆盖更多的消费品。在升级 2 000 亿美元清单中，中国出口美国的商品中消费品损失比重提高到 25.9%。家具寝具、车辆及其零部件等行业所受影响均不小。而实施 3 000 亿美元清单不仅涵盖了手机、电脑、电视机等电子产品，也包括服装、玩具和鞋类等日用消费品。比如 iPhone、智能手表和电脑也将面临 15% 的关税。根据我们的计算，这一清单中中国出口美国的商品中消费品损失比重高达

51.4%。对这些消费品加征关税,使得美国消费者在购买这些商品时不得不多付钱或转而购买价格更高的非中国产的商品。这些商品在美国的零售价格将不可避免地上升,从而给美国消费者带来额外的成本。

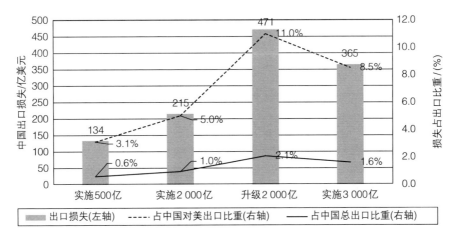

图7.4 美国清单下中国出口损失估计

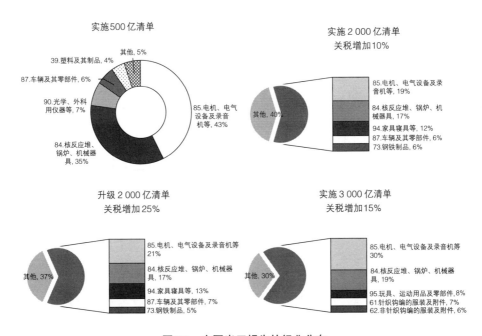

图7.5 中国出口损失的行业分布

中美关税贸易冲突是历史上第一场全球产业链紧密联系的世界经济中最大两个经济体之间的关税大战。产业链上的双边关税将会波及产业链上的各个厂商、国家（地区）和消费者。

第一，美国实施500亿清单下中国出口损失的中间品比例约为41.5%，而2000亿清单下中国出口损失的中间品比例超过50%（见图7.6）。但美国进口中间品价格上升也将进一步通过产业链传导到消费品，最终为美国发动的关税贸易战买单的必然是消费者。

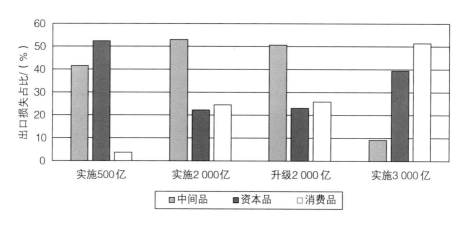

图7.6　美国清单下中国出口损失的BEC分布

注：因为还有未分类组，所以加起来不等于100%。

第二，中国的生产只是全球生产链的一部分。对中国出口美国商品征收关税，将会影响到全球产业链特别是亚洲产业链上的国家和地区。按照不同的贸易类型分类，美国最终实施的500亿清单下中国加工贸易出口损失比例约为38.8%，升级2000亿清单中这一比例为30.4%，而实施3000亿清单中这一比例则高达51.6%（见图7.7）。加工贸易是两头在外，原材料和上游中间品都是从国外进口，产成品销往世界各地，所以加工贸易里中国本土的增加值要显著低于一般贸易。美国对这些加工贸易商品征收高关税，部分成本将由参与到加工贸易里的上游其他国家和地区承担，中国的损失自然就小一些。

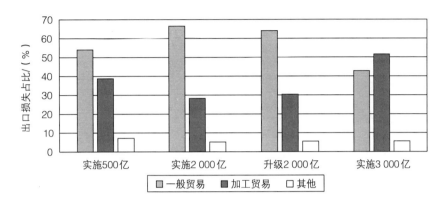

图7.7 美国清单下中国不同贸易方式的出口损失

第三，中国已经是"世界工厂"，美国对中国出口的商品征税，在中国的外资企业同样受伤严重。外商独资企业和合资企业在实施500亿清单、升级2 000亿清单、实施3 000亿清单里的出口损失分别占54.6%、45.5%和57.2%（见图7.8）。根据中国商务部统计，截至2015年，对中国大陆直接投资主要来源地包括英属维尔京群岛、日本、新加坡、美国、韩国，以及中国香港地区和中国台湾地区，因此美国的高关税政策也会对在中国大陆投资的其他国家和地区，包括美资跨国企业造成损失。

从区域分布来看，中国可能受损严重的省市始终都在东部沿海区域。出口损失的省市分布很大程度上是由经济发展水平及出口依赖度决定的。东部沿海省市的经济更加发达，其出口也更多，因此受到的损失也相对更大。广东和江苏两省是出口大省，出口损失比重之和均在40%以上。排在前五的另外三个省市分别是浙江、上海和山东。这些省市经济相对比较发达，承受能力比较高（见图7.9），但对美国出口锐减也将影响这些地区的工厂和就业。

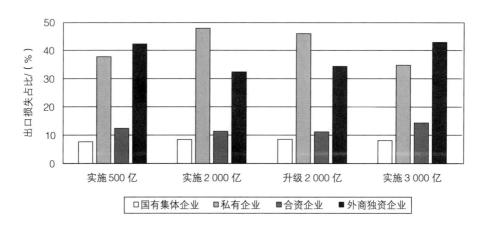

图7.8 美国清单下中国不同企业类型的出口损失

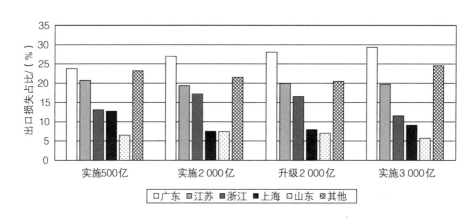

图7.9 美国清单下中国出口损失的地区分布

美国对中国输美商品加征关税,将导致中国对美出口减少。出口下降则会进一步导致劳动力的失业。同时,中国的制造业已经是紧密联系的全球生产链的一部分,美国的关税清单将严重扰乱全球生产链的布局,给在中国的企业特别是跨国公司的投资和雇工带来不确定性。跨国公司可能被迫考虑离开中国搬到东南亚其他发展中国家,因此将对中国的就业造成双重打击。

上述分析假设了人民币兑美元汇率保持稳定,但事实上自2018年3

月下旬美国宣布钢铝贸易战开始,人民币就进入了贬值通道,从 1 美元兑 6.25 元人民币的高位到 2019 年 7 月跌破 1 美元兑 7 元人民币的关口,已经贬值了 10.7 个百分点。从中国输美商品的到岸价格来看,人民币贬值已经能够部分抵消美国加征的和即将征收的关税。此轮人民币顺势而贬并非政府引导,在短期内能够缓解美国关税对中国出口的影响,但长期来讲解决中美贸易争端还需要两国通过谈判来解决。这是因为人民币汇率已经成为中国经济好坏的信号灯,汇率大幅贬值会滋长人们对中国经济增长前景的担忧,从而加大资本外流压力并抬升国内利率。2015 年"8·11"汇改后中国人民银行消耗了近万亿的外汇储备才将人民币汇率稳定下来,如果因为贸易战而重新触发资本外逃,将会导致中国在经常账户和资本账户遭遇双重挑战。

3. 中国清单:美国出口损失

中国对 2018 年美国第一批 500 亿美元和第二批 2 000 亿美元加税分别做出了"对等"500 亿美元和"等比例"600 亿美元的反制。针对美国在 2019 年 5 月将 2 000 亿美元关税税率从 10% 提高到 25%,中国也相应提高 600 亿清单的关税税率,并对此前"实施 600 亿"清单做出了细微调整。2019 年 8 月 23 日,中国对美国新的 3 000 亿加征关税计划做出反制,决定对原产于美国的约 750 亿美元进口商品加征 10%、5% 不等的关税。因此我们预估以下 4 个中国加税清单的美国出口损失:实施 500 亿清单,实施 600 亿清单,升级 600 亿清单,实施 750 亿清单。实施 600 亿清单的关税税率在 5%~10%,而升级 600 亿清单的关税税率则在 5%~25%。

总体上看,最终实施的 500 亿清单将导致美国对中国出口损失 115 亿美元,占美国对中国出口的 8.8%,升级 600 亿清单将导致美国出口损失约 77 亿美元,占美国对中国出口的 5.9%,实施 750 亿清单将导致美国出口损失约 52 亿美元，占美国对中国出口的 4.0%，因此，美国对中国的出口损失预计约为 244 亿美元，占美国对中国出口的 18.7%（见图 7.10）。由于美国也是贸易大国，中国关税对美国的出口总体影响有限，最终实施的 500 亿清单、升级 600 亿清单和实施 750 亿清单将导致美国总出口下降 1.5%。从我们估计的美国对中国出口损失逐渐下降来看，中国其实并不愿意将贸易战扩大化。

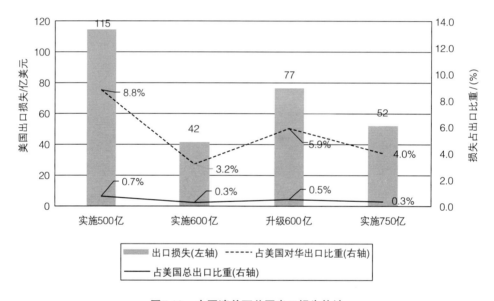

图7.10 中国清单下美国出口损失估计

分行业看，在 500 亿和 750 亿清单中，大豆和汽车制造业都是美国出口损失最严重的行业，它们所在的行业受损加起来分别占美国对中国出口总损失的 55% 和 43%（见图 7.11）。大豆出口对于美国经济意义重大。2017 年美国大豆出口量为 5 532 万吨，占其大豆总产量的 46%，其中对中国出口量为 3 173 万吨，占其大豆总出口量的 57.36%。大豆出口额占美国对中国出口额的比例为10%。① 此外，大豆出产区还是特朗普的重要票仓。2014—2017年，位居美国大豆产量前十的州分别为伊利诺伊州、艾奥瓦州、明尼苏达州、内布拉斯加州、印第安纳州、密苏里州、俄亥俄州、北达科他州、南达科他州和阿肯色州。这10个州大豆产量约占全美的95%，而在2016年美国大选中，其中8个农业州都支持特朗普，是其重要的票仓。中国对美国大豆加征关税导致美国芝加哥期货交易所（CBOT）大豆期货价格从2018年5月底开始大跌（见图7.12）。

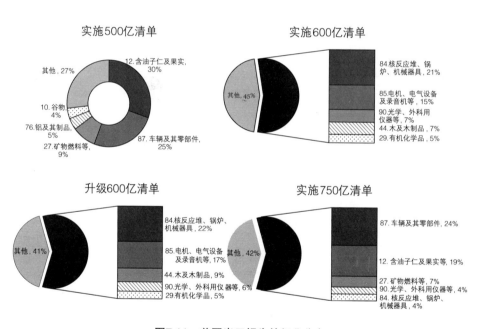

图7.11 美国出口损失的行业分布

---

① 数据来自美国国际贸易委员会（USITC）和美国农业部国家农业统计局（USDA-NASS）。

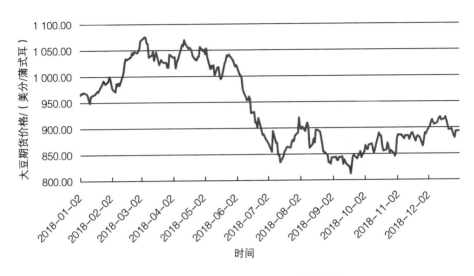

图7.12　2018年CBOT大豆期货价格波动

数据来源：Wind 数据库。

为落实2018年12月中美两国元首阿根廷会晤共识和之后的贸易谈判，中国暂停了500亿清单中对原产于美国的汽车及零部件的加征关税。但由于贸易谈判受挫和美国掀起第三波关税贸易战，中国宣布自2019年12月15日起对原产于美国的汽车及零部件恢复加征关税。特朗普多次声明要重振美国汽车产业，让更多的就业机会回到美国。不过他发起的中美贸易战或许会事与愿违。一方面，在中国额外25%的关税下，美国生产的汽车在中国市场的竞争力将大打折扣，失去庞大的中国市场将是美国汽车厂商的一大损失；另一方面，一些汽车生产商为了避免中国的关税，可能会将工厂转移出美国，例如特斯拉已经在上海建厂，哈雷摩托计划增加其国际工厂的产量。

在600亿清单里，中国将目标转向"84.核反应堆、锅炉、机械器具"及"85.电机、电气设备及录音机等"两个行业，这正是美国重点打击中国的前两个行业。高端制造业商品的出口损失在中美双方的清单下都位列榜首，成为此次贸易战受影响最大的行业。

另外，如图7.13所示，美国的出口损失集中在中间品，四个清单的中间品出口损失比重均在60%以上，这可能主要是由中国自美国进口商品结构导致。消费品的出口损失比重在初始500亿清单中较低，而在实施600亿和升级600亿清单中较高，不过这一比例远小于美国2 000亿和3 000亿清单中消费品的比例。因此，中国对自美国进口加征关税，对中国消费者的影响较小。

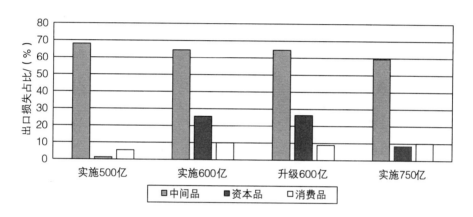

图7.13 中国清单下美国出口损失的BEC分布

注：因为还有未分类组，所以加起来不等于100%。

目前看来，加利福尼亚州将是贸易战下美国出口损失最严重的州。因为科技产业是加利福尼亚州的重要支柱产业，而且加利福尼亚州与中国贸易额较大。除加利福尼亚州以外，同样位于美国西部海岸的俄勒冈州和华盛顿州在500亿清单中受损也较严重。在实施的600亿美元商品清单中，纽约州和伊利诺伊州受影响较大。

从上面的分析可以看到，中美之间目前的关税冲突对双边贸易有较大影响，但由于中美都是贸易大国，因此关税冲突对两国的整体贸易情况和产出影响比较有限。不过，从微观来看，部分行业、商品、企业和地区或将受到较大冲击。然而，中美贸易冲突远远超越了贸易本身，很多人担忧此次贸易冲突是中美走向竞争和对抗的开始，中美脱钩论流传甚广，因此关于两国关系的未来也越来越不确定。这种悲观情绪通过金融市场如股市和汇市影响投资者和消费者的信心，进而会对中美两国宏观经济造成负面影响。

4. 加征关税对中美双边进口的事后影响

上述分析主要是基于进口弹性来事先预估中美关税贸易战对双边贸易的影响。接下来我们使用美国国际贸易委员会公布的进出口月度统计数据和中国海关总署公布的进出口月度数据，来分析中美前两轮互相加征关税对双边贸易的实际影响。

首先，美国加征关税后，在已经加征关税的商品中，美国从中国的进口额都大幅下降。美国分别于 2018 年 7 月 6 日和 8 月 23 日对 340 亿美元和 160 亿美元的自中国进口商品征收 25% 的关税，2018 年 9 月 24 日起对 2 000 亿美元的自中国进口商品征收 10% 的关税，本来美国计划从 2019 年 1 月 1 日起将 10% 关税提高至 25%，但 2018 年 12 月中美两国元首在阿根廷 G20 领导人峰会上会晤，并重启中美贸易谈判，美国推迟将关税进一步升级。2019 年 5 月中美贸易谈判遇挫，美国宣布从 6 月 15 日开始将加征 10% 关税提高到 25%。

图 7.14 显示了这三份加征关税的商品清单的美国自中国进口额的月度同比增速。加征关税之后，三份清单中的美国自中国进口商品的月度同比增速迅速下跌。就第一份 340 亿美元清单中的商品而言，美国从中国进口额的月度同比增速从 2018 年 6 月的 13.5% 滑落至 7 月份的 −6.7%，并且持续下跌。从 2018 年 7 月至 2019 年 5 月，平均月度增速为 −24.2%。相比之下，同期没有加征关税的商品平均月度增速为 4.6%。第二份 160 亿美元清单里美国从中国进口额的月度同比增速在 2018 年 9 月迅速下跌

至 -15.9%，而且跌幅持续扩大，从 2018 年 9 月至 2019 年 5 月，平均月度增速为 -34.3%。加征关税清单中商品自中国进口额月度增速的显著变化，部分原因在于出口企业的"抢出口"效应，即在新关税实施之前加快出口，这会导致新关税实施之后出口跌幅更为显著。比如，第二份 160 亿美元清单上的美国自中国进口商品额在新关税实施之前的 2018 年 7 月和 8 月同比增速高达 40% 以上，9 月新增关税实施之后同比增速为 -15.9%。但是，"抢出口"效应无法解释这一同比增速持续为负并且跌幅扩大，这说明了新增关税对美国自中国的进口商品影响是非常显著的。

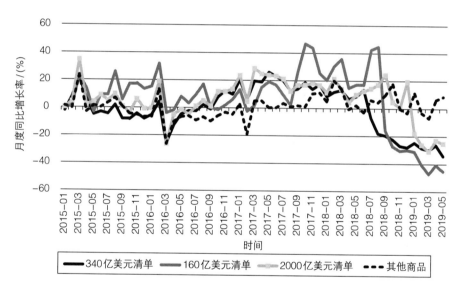

图7.14 美国自中国进口额的月度同比增长率

第三份 2 000 亿美元清单的美国自中国进口额的月度同比增速在加征 10% 关税之后的 2018 年 10 月和 11 月出现显著下跌。本来美国计划在 2019 年 1 月 1 日起将 10% 关税提高至 25%，因此 2018 年 12 月这一清单上的美国自中国进口额的月度同比增速出现反弹，但从 2019 年 1 月至 2019 年 5 月，这一清单上美国自中国进口额的平均月度增速骤降为 -24.7%。

其次，美国对中国出口商品的高关税造成了一定程度的进口替代。图 7.15 显示了 2018 年以来美国从主要东南亚国家和地区的所有商品的进口额月度同比增长率。我们可以看出，美国从中国内地和中国香港地区的进口在 2018 年下半年明显下跌，而从越南和中国台湾地区的进口则显著增加。2019 年 3 月美国从越南进口额的月度同比增长率一度高达 38%，而美国从中国台湾地区的进口同比增速则从 2018 年 9 月的零增长一路上升到 2019 年 5 月的 24%。这说明美国已经开始从其他国家和地区进口商品来替代中国的商品。

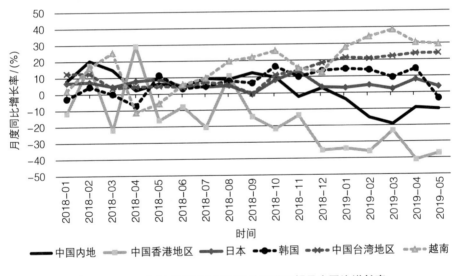

图7.15　2018年以来美国分国别或地区进口额月度同比增长率

美国针对中国出口商品的高关税，伤害了中国出口商，但也伤害了美国的消费者。根据 IMF 首席经济学家吉他·戈匹纳斯（Gita Gopinath）及其合作者发表的一份研究报告表明[1]，美国对自中国进口的商品征收

---

[1] Cavallo, Alberto, G. Gopinath, B. Neiman, and J. Tang, "Tariff Pass-through at the Border and at the Store: Evidence from US Trade Policy," *Working Paper*, May, 2019.

的关税绝大部分由美国的进口商承担，而不是由中国的出口企业承担。他们发现，中国出口企业出口到美国的不含关税商品价格在加征关税之后并没有显著下降，而美国进口商所付的含税价格则大幅上升，这表明关税的成本主要落到了美国消费者和进口企业身上。当然这并不意味着中国出口企业没有遭受损失，由于美国对中国商品加征关税，美国对中国商品的进口需求下降了。

最后，从中国海关的进口数据可以看出，在中国对美国加征关税之后，关税增加的商品中国从美国的进口额也大幅下降。当美国对首批500亿美元中国输美商品加征25%关税时，中国采用了对等贸易报复战术，分别于2018年7月6日和8月23日对340亿美元和160亿美元的自美国进口商品征收25%的关税。之后随着美国加码对另外2 000亿美元商品征收10%的关税，中国宣布自2018年9月24日起对600亿美元的自美国进口商品征收5%~10%的关税。加征关税之后，这三组清单上的中国自美国进口的商品额均大幅下跌，而且跌幅远超美国加征关税对美国从中国进口商品的影响。从图7.16可以看出，首批340亿美元清单上的商品，中国从美国的进口额月度同比增长率在2018年12月一度深跌至−80.9%。从加征关税之后的月份到2019年5月，这些商品中国从美国的进口额月度同比增长率平均为−53.8%，第二批160亿美元清单上的中国从美国的进口额月度同比增长率平均为−51.1%，第三批600亿美元清单上的中国从美国的进口额月度同比增长率平均为−18.8%。第三批清单上商品的同比增速下降相对较小，主要的原因在于加征关税幅度较小，只有5%~10%。

以上分析显示加征关税对中美双边贸易有着非常显著的负面影响，而且中国加征关税对中国自美国进口的负面影响要大于美国加征关税对美国自中国进口的负面影响。这主要有三个原因。首先，2018年下半年到2019年上半年，美国经济继续保持稳步增长，GDP季度同比增速平

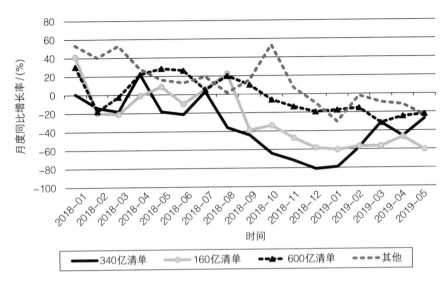

图7.16 中国自美国进口额的月度同比增长率

均为2.4%,进口需求比较稳健,因此对中国出口商品仍有需求。而同期中国经济相对疲软,经济增长处于下行趋势,GDP季度同比增速从2018年第三季度的6.5%下滑至2019年第二季度的6.2%,内需疲软削弱了中国的进口需求。其次,自从中美爆发贸易冲突以来,人民币显著贬值,部分抵消了美国对中国加征的关税,但人民币贬值使得中国从美国进口商品更加昂贵,放大了中国加征关税对中国从美国进口的负面作用。最后,商品的替代程度不同。美国对中国出口商品的依赖度相对较高,因此较难在短期内找到可以替代的商品。而中国从美国进口商品额较小,因此对美国商品的依赖度较低,而且中国从美国进口大量农产品等初级产品,相对较容易替代。因此,双方互相加征关税,对美国向中国的出口影响更大。

第8章　中美全面贸易冲突的损失估计 ①

美国总统特朗普在竞选时曾威胁对自中国进口产品征收高额关税。本章基于乔纳森·伊顿（Jonathan Eaton）和塞缪尔·科尔图姆（Samuel Kortum）（2002）[32] 的多行业 – 多国家（地区）– 产业联系的一般均衡模型，预测如果美国对中国产品征收 45% 关税的威胁生效，进出口、产量和真实工资将会如何变化。为预测美国 45% 关税措施的影响，我们评估了美国对中国发起单边制裁的情形以及中国对美国产品采取同样 45% 报复性关税的情形。另外，由于美国对中国高额的贸易逆差是造成关税措施的重要原因，我们分别模拟了贸易恢复平衡与保持不平衡这两种情况。在所有情形下，模型的校准都表明由美国高额进口关税引发的贸易战都将导致中美双边贸易的崩溃，且美国将承受较大社会福利损失，而中国的福利状况则视中美贸易余额的假定略微减少或增加。在全球范围内，一些小型开放经济体可能略微获利，也有一些国家和地区可能因此遭受连带损失。

---

① 本文改编自盛柳刚与郭美新、陆琳、余淼杰合作发表于 2018 年《亚洲经济论文》（*Asian Economic Papers*）上的文章 "The day after tomorrow: Evaluating the burden of Trump's trade war"。该论文完成于 2017 年夏天，当时中美贸易冲突尚未真正爆发，因此我们假设了美国对中国出口征收 45% 的额外关税，并估计经济损失。2018 年中美贸易冲突与文中假设的情形不同，但可以把假设的情形看作最极端的情形，即中美爆发全面的贸易冲突。为了便于阅读，这里做了部分修订。

1. 引言

在竞选美国总统期间，特朗普大力倡导美国实施贸易保护主义。当选后，他在就职演说中呼吁"美国优先"，要求消费者和企业"买美国货、雇美国人"。同时他也开始执行他的竞选承诺，打破美国与邻国以及主要贸易伙伴的贸易关系。比如特朗普已经正式宣布美国退出跨太平洋贸易合作伙伴协定（TPP）——一项跨越太平洋、囊括三大洲十二国的贸易协定，在前任总统奥巴马的推动下，这项协定的谈判耗时十年才接近达成。特朗普同时签署了总统令，要求在美墨边境建立隔离墙，并且以高关税强迫墨西哥政府为此支付费用。同时，他还要求团队重新就美国、加拿大、墨西哥三国之间的北美自贸区协定（NAFTA）进行谈判。这些措施已经完全消除了之前对于他能否落实竞选口号的质疑。近期的 G20 财长和央行行长会议上，全球的金融财政领导者放弃了一直秉承的"维持开放的自由贸易"这一口号，默许了美国逐渐抬头的贸易保护主义。

中国是特朗普竞选过程中主要的针对目标之一。特朗普于 2016 年 6 月 28 日在宾夕法尼亚州的莫内森市发表演讲时称，中国加入 WTO 是美国制造业工人的灾难。2016 年 1 月在与《纽约时报》的会谈中，他建议美国对中国产品征收 45% 的进口关税。当选之后他也在其一篇著名的推文中，将中国描述为通过货币操纵来提振出口的"大赢家"。由于中美贸易战已经发生并预计会持续相当长一段时间，因此非常有必要预估中美贸易冲突将对中美以及其他国家和地区有多大影响。

通过建立基于伊顿和科尔图姆的多行业-多国家（地区）的一般均衡模型，同时加入洛伦佐·卡利恩多（Lorenzo Caliendo）和费尔南多·帕罗（Fernando Parro）[33] 提出的投入产出联系，我们评估了特朗普对中国征收 45% 的关税将如何影响 62 个主要经济体的出口、进口、产出、就业、真实工资。具体来说,我们分析了三种关税情形下,美国对来自中国的货物进口提高45%关税造成的影响。在第一种情形下,美国单边对从中国进口的商品征收45%的关税,所有国家和地区达到贸易平衡。对贸易平衡的寻求很可能是美国贸易战的目标之一,因为美国长期谴责中国的巨额贸易顺差。[①] 在第二种情形下,我们假设中国对美国发起的贸易战予以同等力度反击,即对自美国进口的商品征收45%的关税,且所有国家和地区达到贸易平衡。在第三种情形中,我们假设中美对于对方都施加了高额关税,并给定其他国家和地区维持贸易不平衡不变。为简单起见,我们将这三种情形分别命名为:①贸易平衡下的美国单边关税战;②贸易平衡下的中美双边关税战;③贸易不平衡下的中美双边关税战。

我们的分析表明在所有情形下,美国的高额关税都将导致中美双方贸易的灾难性崩溃。对于"①贸易平衡下的美国单边关税战"的情形,中国对美国出口的18个行业中的一半行业的出口额将减少90%以上。这些行业包括纺织品、金属制品、计算机和电气设备。在另外两种情形下,中美双方贸易战会造成相似的量化结果,导致中美双边贸易的崩溃。在这些情形下,除了计算机和电气设备,贸易的快速下滑还会波及农业、采矿、石油产品等行业。

贸易战对于双边贸易造成的损害体现为产出和社会福利的大幅下降。在双方都参与贸易战的情况,也就是"②贸易平衡下的中美双边关税战",中国纺织业和计算机产品的产出预计将分别降低6.29%和14.26%。与此同时,美国农业和食品行业的产出将分别降低1.14%和4.18%。在模型中我们用真实工资来衡量社会福利损失,因为真实工资衡量整个经济体的平均收入,而且包含了价格水平的变化。在前两种情形

[①] 为简单起见,我们假设所有国家和地区在贸易战开始后实现贸易平衡。我们之后会考虑到贸易不平衡仍然存在的情况。

下,美国将承受大幅的福利损失,而中国的福利损失较小。根据模型计算,在平衡贸易条件下美国在两种情形下分别承受0.66%和0.75%的福利损失,而中国受到美国单方面关税措施时福利损失最大,为0.04%。

对于"③贸易不平衡下的中美双边关税战"的情形,中国承受的福利损失最大,真实工资减少0.37%,美国则仅次之,真实工资减少0.32%。亚洲的一些国家和地区可能会从中受益,同时由于投入产出联系和两大经济体之间贸易战的一般均衡作用带来了溢出效应,一些发达经济体将承担连带的福利损失。

需要强调的是,关于贸易不平衡的假定在评估中美贸易战的损失中起到了重要作用。因为当一个国家内部的劳动和关税收入低于总支出时,只能通过贸易逆差为消费融资。由于这里使用了静态贸易模型来模拟关税变化对于产出和贸易的影响,根据假设贸易不平衡是外生变量。因此,贸易逆差国相当于从其他国家接受了净收入转移。如果一个国家从贸易逆差变成贸易平衡,则相当于这个国家减少了这部分的净收入转移。为简洁起见,我们考虑了两种可能性:贸易战恢复了贸易平衡,或者保持现有的贸易不平衡状态。

鉴于目前美国处于贸易逆差而中国处于贸易顺差,贸易战能否促进贸易均衡对两国有不同的含义。如果贸易战能促进贸易平衡,美国将通过增加出口、减少进口来实现从贸易逆差到平衡的转变,而中国出口的降幅则必须大于进口的降幅。换言之,美国将不再接受其他国家和地区的净收入转移,这将对收入产生负面的冲击。若中国同步提高进口关税,这种冲击将更加显著。相较之下,由于中国将不再需要支付净收入转移支出,中国对美国的贸易顺差减少将减轻贸易战对中国经济的负面冲击。在这种情况下,美国的社会福利损失将会更大,中国的社会福利在正向的收入效应占主导作用的情况下反而可能小幅增加。相反,如果贸易战无法改变双方贸易不平衡的现状,即使贸易战会对贸易流量有抑制作用，中国也将继续支付收入转移，而美国则有净转移收入。在这种情况下，中国受到的福利损失或将大于美国。我们的分析表明，若美国发起贸易战的同时想最大化本国社会福利，那么达到贸易均衡并不是一个可取的目标。

无可否认，特朗普发起的贸易战对于产出和社会福利的影响有限，不如对双边贸易的影响那么严重。不过，我们对于社会福利损失的估计是偏保守的，很有可能低估了贸易战对于产出和社会福利的负面影响。该模型的一个关键假设是，所有经济行业运作良好，除了贸易成本不存在其他摩擦。这一假设意味着劳动力在一国之内的所有行业之间自由流动，贸易行业和非贸易行业之间的重新分配和不同来源国的进口货物替代可以抵消其他国家的关税措施。另外，投入产出之间的联系也能减轻单边关税措施的影响。然而，现实中这一调整过程并非没有摩擦，从而导致贸易战对经济的影响会比我们计算的更大。最后，贸易战有可能会在全球金融市场引发海啸，这将额外拖累经济。

2. 中美贸易关系概述

2.1 双边贸易关系

自1949年中华人民共和国成立至1979年中美正式建立外交关系期间，美国保持了与"台湾当局"的"外交关系"。冷战时期中美双方的外交和经济往来陷入了低谷。意识形态对抗和国家安全是两国关系的主旋律，严重阻碍了双边贸易的发展。随着20世纪60年代中苏关系恶化和1968年越南战争的阶段性结束，中美逐渐认识到双边关系正常化可以带来的潜在收益。1971年6月，尼克松总统废除了对中国的贸易壁垒，并且于1972年成功访华，开启了两国关系的新篇章。

自1978年中国实行改革开放以来,美国于1980年给予中国"最惠国"待遇关税,但需每年经过美国国会讨论审议。所谓最惠国待遇,是一国给予另一国等同于WTO或者其前身关贸总协定(GATT)组织正式成员国的税收优待。最惠国待遇政策取代了对于非WTO成员方的高额关税,极大地放宽了美国对中国的市场准入。1986年,美国迅速成为中国的第二大进口国和第三大贸易伙伴。同年,中国申请成为GATT成员,美国对于中国的贸易和外国直接投资自由化也表现出了浓厚的兴趣。因此,1999年美国政府彻底废止《杰克逊－瓦尼克修正案》(*Jackson-Vanik Amendment*),国会一年一度对中国的最惠国待遇审查从此成为历史。中国得到美国政府的永久性正常贸易伙伴关系,为中国2001年加入WTO奠定了基础。①

中国加入WTO之后的15年是中美经贸关系的蜜月期,双边贸易额迅速增长,中美成为彼此最重要的贸易伙伴。不过这并不意味着两国没有任何贸易摩擦。中国巨大的贸易顺差和固定汇率制度受到美国政府的多次指责。美国经常指责中国向其低价倾销纺织品、钢铁以及其他制造业产品。在布什总统和奥巴马总统任期内,美国政府向中国纺织业和其他低端制造业产品实施严格的配额和高额的关税,以此保护美国本国产业。然而,这些贸易摩擦并不能改变两国贸易自由化的趋势,直到美国新任总统特朗普2017年入主白宫,公开宣称支持贸易保护主义。

下面将从三个方面分析中美贸易关系:双边贸易额和贸易失衡,双边贸易结构与贸易争端,当前的贸易争端。

---

① 1974年,《杰克逊-瓦尼克修正案》否认了对某些国家的优惠贸易政策,尤其是对苏联、东欧的社会主义国家。虽然这项修正案的应用被美国总统豁免,但修正案仍要求国会每年对中国进行一次最惠国待遇确认。

2.2 双边贸易额和贸易失衡

中美贸易额在过去 30 年飞速增长,特别是 2001 年中国加入 WTO 之后,双边贸易增速更加迅猛。双边贸易额从 2001 年年底的 970 亿美元快速增长到 2016 年的 5 240 亿美元,年均增速 11.11%。

自 2008 年以来,双边贸易额增速开始下降,一定程度上是由于国际金融危机造成国际整体需求低迷。2016 年中美贸易额下降 6.26%,是 2008 年金融危机以来首次负增长。2016 年中国向美国出口下降 5.13%,进口下降 9.79%(2015 年进口下降 5.91%)。

除了双边快速增长的贸易额,中美之间的贸易不平衡也在不断增长。如表 8.1 所示,2015 年中国对美国贸易顺差达到 2 603.7 亿美元,而这一数字在 2000 年只有 300 亿美元。严重的贸易失衡一直是中美贸易关系中的争议点。不过随着近年来双边贸易额增速下降,中国对美国贸易顺差也逐渐降温,2016 年贸易顺差比 2015 年下降 2.45% 至 2 539.9 亿美元。

表8.1 2001—2016年中美贸易额和增长率

年份	贸易额(亿美元)		增长率(%)	
	对美出口	从美进口	对美出口	从美进口
2001	543.2	262.0	4.18	17.17
2002	699.6	272.3	28.79	3.91
2003	925.1	338.8	32.23	24.44
2004	1 249.7	446.5	35.09	31.79
2005	1 629.4	487.4	30.38	9.14
2006	2 035.2	592.2	−24.90	21.52
2007	2 327.6	698.6	14.37	17.96
2008	2 523.3	815.0	8.41	16.66
2009	2 209.1	774.6	−12.45	−4.95
2010	2 833.8	1 020.6	28.28	31.76
2011	3 245.7	1 221.4	14.54	19.68

(续表)

年份	贸易额（亿美元）		增长率（%）	
	对美出口	从美进口	对美出口	从美进口
2012	3 520.0	1 328.8	8.45	8.79
2013	3 684.8	1 525.5	4.68	14.81
2014	3 961.5	1 591.9	7.51	4.35
2015	4 101.5	1 497.8	3.53	-5.91
2016	3 891.1	1 351.2	-5.13	-9.79

资料来源：CEIC 数据库。

注：对美出口 + 从美进口等于总贸易额。对美出口 - 从美进口等于中国对美国的贸易顺差。

2.3 双边贸易结构与贸易争端

表 8.2 展示了中美双边贸易在三个主要产业中的情况：钢铁、纺织、机械和电子产品。机械和电子产品是中国对美国出口的最主要产品（2016 年出口额约 1 730 亿美元），占中国对美出口总量的 44%。纺织品是中国第二大出口产品，2016 年出口额达 424.2 亿美元，占总出口额的 11%。尽管如此，中国一向具有比较优势的这些行业出口同双边贸易一样，在近年增长缓慢。2016 年机械和电子产品、纺织产品出口分别比 2015 年下降 3.90% 和 5.29%。

从中国进口产品来看，机械和电子产品同样是最大的进口行业，2016 年进口额约 313 亿美元，占中国从美国进口总额的 23.13%。[①] 这反映出行业内贸易和国际贸易价值链在两国的分布情况，因此这两个行业也最容易受到贸易战影响。

钢铁行业是中美贸易中经常备受争议的一个行业。美国政府批评中国政府支持国内钢铁和铝制品行业，向全球倾销 1 亿吨钢铁，扭曲全球

---

① 机器和计算机进口的比例也从 2013 年的 25.11% 下降至 2016 年的 23.13%。

市场结构。2011—2015 年间，美国对中国企业进行了 29 起反倾销调查和 25 起反补贴调查，包括针对钢铁行业的 11 起反倾销调查和 10 起反补贴调查。

表8.2　1993—2016年三个主要产业中美双边贸易额　　单位：亿美元

年份	钢铁		纺织		机械和电子产品	
	对美出口	从美进口	对美出口	从美进口	对美出口	从美进口
1993	—	—	33.1	2.3	29.3	38.4
1994	—	—	31.6	8.6	46.0	45.3
1995	—	—	31.7	13.5	55.3	51.3
1996	—	—	32.3	11.3	65.2	55.9
1997	—	—	35.7	9.9	83.4	53.7
1998	—	—	38.0	4.2	104.8	65.4
1999	—	—	39.8	2.5	124.8	80.2
2000	—	—	45.6	3.1	163.9	92.0
2001	—	—	45.7	3.5	179.9	113.8
2002	—	—	54.3	4.4	262.4	111.7
2003	—	—	71.9	10.8	393.9	114.2
2004	—	—	90.7	23.1	566.8	154.6
2005	—	—	166.7	21.1	727.9	168.4
2006	—	—	198.7	30.0	925.5	213.8
2007	—	—	229.0	24.2	1 078.5	237.2
2008	69.2	12.2	232.8	26.0	1 134.8	261.7
2009	15.1	9.0	246.0	17.1	1 047.2	223.2
2010	16.3	6.3	314.5	30.6	1 329.0	287.4
2011	25.8	6.5	350.6	41.8	1 500.1	294.6
2012	28.8	5.7	361.8	49.7	1 633.7	289.6
2013	27.5	5.8	389.5	38.2	1 693.4	383.1

(续表)

单位：亿美元

年份	钢铁		纺织		机械和电子产品	
	对美出口	从美进口	对美出口	从美进口	对美出口	从美进口
2014	40.2	6.9	418.8	25.3	1 828.6	383.0
2015	28.5	5.8	447.9	19.8	1 798.9	356.7
2016	17.1	4.5	424.2	12.8	1 728.7	312.6

资料来源：CEIC 数据库。

注：由于钢铁行业的分类在 2008 年有变动，因此关于钢铁行业的数据选择了 2008 年之后的样本。

2.4 当前的贸易争端

过去 20 年特别是中国加入 WTO 后，中美两国都意识到了贸易自由化和双边市场的扩大带来的巨大好处。尽管如此，特朗普就任总统以来，贸易争端在以下几个方面愈演愈烈。

第一，美国政府指责中国加入 WTO 造成了美国 GDP 增速下滑、国内失业率上升以及制造业岗位流失。同时美国指责多边贸易框架（如 WTO 条约）应当向自由市场规则倾斜，并且监管系统应当加强透明和法制。

第二，美国指责中国对国内企业（特别是国有企业）的优惠政策，认为其对外国公司提供了不平等待遇，包括：①国家扶植战略对国有企业的优惠政策；②政府采购过程明显向国内企业倾斜，比如信息通信领域的安全与可控原则；③"制造强国"战略下的《中国制造 2025》。

作为回应，中国政府反对"安全和可控原则"对外国公司造成了限制，并援引 WTO 科技壁垒进行辩护。同时，中国政府表示，《中国制造 2025》规划将强化市场秩序，为中国企业和外国企业提供更加公平的竞争环境。

第三，美国指责中国对美国出口企业施加贸易壁垒，比如配额和许可,从而以牺牲国外企业的方式为中国下游制造业企业提供保护。同时,美国指责中国反垄断调查也不利于外国公司。

第四,近些年来知识产权成为中美之间另一大热点。美国抱怨其企业被中国以国家安全为由要求提供技术转让。同时,美国指责中国政府在保护贸易信息方面进展不力。

3. 数据

我们利用卡利恩多和帕罗的模型,建立了包括投入-产出联系的多国家(地区)-多行业模型,然后用更新至2015年的OECD国家间投入产出数据库(ICIO)进行模型模拟。① 2015年的ICIO提供了完整的《国际标准行业分类(第3版)》标准下61个国家和地区中34个行业以及余下其他国家2011年的投入-产出矩阵。我们分析的样本包括34个OECD成员国和17个非OECD新兴经济体,包括了金砖五国(巴西、俄罗斯、印度、中国和南非)、亚洲四小龙(韩国、中国台湾、中国香港和新加坡)、亚洲四小虎(印度尼西亚、马来西亚、菲律宾和泰国),也包括例如柬埔寨和越南等亚洲低收入国家。② 本章的分析排除了家庭服务业,因为该行业没有为其他行业提供中间产品,且在超过半数的样本国家和地区中家庭服务业的产出为零。③ 最后,我们的样本包括62个国家和地区(世界其他国家在模型中作为一个国家来处理)、33个行业(模型中

---

① 模型的基本设置和模型均衡的相对变化请参阅 Caliendo and Parro (2015)。
② 请参阅 OECD ICIO 2015 来了解 61 个国家和地区、34 个行业。我们还在表 8.3 中列出了 18 个主要贸易行业关于关税变化的实验。
③ 有半数国家和地区未收集该行业的数据。

删掉了家庭服务业),由 18 个贸易行业和 15 个服务行业构成。①[34]

OECD 国家间投入产出数据库(ICIO)和《国际标准行业分类(第 3 版)》提供了关于双边贸易流量、双边支出、附加值份额、生产中的材料份额(中间投入)和在各国家和地区行业中的最终消费份额。行业之间的替代弹性数值来自 Caliendo and Parro(2015)[33]的表 1。给定这些参数,我们可以模拟模型并计算出给定关税变化下的产出、贸易流量和社会福利的变化。

4. 量化分析关税增加的影响

4.1 中美之间的行业双边贸易

在我们讨论关税对产出和贸易量的影响之前,我们简要回顾一下中美各行业之间的可贸易性。表 8.3 统计了 2011 年中美 18 个可贸易行业的双边贸易情况。特别地,该表按行业报告了双边进口占该国总进口或另一国总出口的比重。表 8.3 第 2 列报告了美国从中国进口的某行业产品占美国该行业产品总进口的比重。计算机和纺织是美国从中国进口比重最大的两个行业,比重都超过 45%。美国从中国进口比重较大的另外两个行业是电子产品和矿产品,值得注意的是这四个行业也是中国对美国出口的最重要行业。表 8.3 第 3 列报告了美国从中国进口的某行业产品占中国该行业总出口的比重。中国向美国出口大量计算机、木制品、塑料制品、纸制品、纺织品。而中国从美国进口产品主要集中在纸制品、其他交通工具(如飞机)和农产品(表 8.3 第 4 列)。其中,美国出口的农产品有 18.07% 进入中国市场(表 8.3 第 5 列)。总之,中美出口存在显著的跨行业差异。

---

① Athukorala and Khan(2016)的研究表明,与最终产品相比,美国零部件的相对价格对价格变化的敏感度明显更低。出于这个原因,在未来的研究中应使用更加分散的工业数据。[34]

表8.3　2011年中美各行业双边贸易　　　　　　　单位：%

行业	美国从中国进口占美国总进口比重	美国从中国进口占中国总出口比重	中国从美国进口占中国总进口比重	中国从美国进口占美国总出口比重
农业	2.34	6.24	21.93	18.07
采矿	0.13	4.50	0.71	6.13
食品	7.63	15.17	13.61	7.69
纺织	45.61	23.89	6.21	8.40
林业	27.85	26.9	13.08	16.45
纸制品	14.48	24.58	43.91	15.70
石油	1.67	6.07	6.20	2.08
化工	7.77	12.93	11.17	9.59
塑料	25.88	25.82	6.77	6.64
矿产品	31.79	16.57	13.20	11.60
基本金属	3.53	4.84	3.57	9.96
金属制品	28.23	19.92	11.01	5.25
机械	20.67	20.39	8.86	8.18
计算机	47.06	29.04	5.88	16.52
电子产品	31.18	21.61	6.02	11.61
汽车	5.43	23.47	8.17	5.73
其他交通工具	7.44	4.27	27.83	5.18
其他	30.02	24.83	15.55	2.76

资料来源：OECD ICIO（2015）和 OECD STAN ISIC REV3（2011）。

表8.4分析了两国各行业进口和出口占总产出的比重，以及各行业产出占全球产出的比重。数据显示，美国在纺织品、计算机、电子产品上的进口占其国内产出的比重较高。这些产品主要出口自中国（见表8.3）。这三个行业中的纺织和计算机，美国从中国的进口份额（表8.3

中的第 2 列）均分别高于中国在全球产出中的份额（表 8.4 中的最后一列）。表 8.4 第 3 列报告了美国的出口优势集中在其他交通工具、机械、计算机行业。在生产方面，美国生产的纸制品、石油和其他交通工具行业的产量均占世界总产量的 20% 以上。

表8.4 贸易和产出的汇总统计　　　　　　　　单位：%

行业	美国			中国		
	进口占本国产出比重	出口占本国产出比重	本国产出占全球产出比重	进口占本国产出比重	出口占本国产出比重	本国产出占全球产出比重
农业	7.51	14.48	8.02	3.86	0.91	25.28
采矿	52.90	6.43	9.95	29.81	0.81	18.68
纺织	141.96	25.87	3.25	2.69	20.83	44.79
林业	15.49	7.26	8.37	1.79	3.14	42.66
纸制品	4.49	12.03	26.30	8.67	5.34	13.04
石油	11.80	15.53	20.56	7.24	4.52	14.85
化工	23.40	24.26	14.98	13.79	9.31	22.67
塑料	25.04	13.29	10.39	4.02	7.74	33.67
矿产品	17.21	9.70	5.67	1.06	4.09	45.79
基础金属	33.99	12.72	7.23	6.77	4.73	37.82
金属制品	13.79	10.78	14.39	3.74	14.23	19.77
机械	43.87	36.64	9.11	9.65	12.67	31.97
计算机	86.95	35.13	10.02	33.55	47.92	29.48
电子产品	68.91	26.28	5.84	6.95	13.64	42.57
汽车	42.42	21.10	12.00	7.93	5.25	22.40
其他交通工具	14.38	37.82	20.08	8.04	28.60	17.60

资料来源：OECD ICIO（2015）和 OECD STAN ISIC REV3（2011）。

而中国的贸易结构和生产模式与美国截然不同。首先，中国在包括计算机在内的许多行业不仅大量进口，同时也伴随着大量出口——这意味着中国积极参与全球价值链和加工贸易。其次，除了美国具有优势的纸制品、石油和其他交通工具行业，中国在所有其他行业的生产量都超过美国。

基于表 8.3 和表 8.4，我们可以得到关于 2011 年中美生产和贸易的一些结论：第一，平均来说两国可贸易行业产品总产出占世界总产出的比重超过 40%，并且专注于不同行业的生产。第二，两国的总贸易量超过世界贸易总量的 20%。第三，纺织品、计算机、电子产品、其他交通工具行业的贸易是理解中美双边贸易的关键。

4.2 贸易冲突情形1：贸易平衡下的美国单边关税战

首先，我们讨论如果美国对中国实行单边的 45% 贸易关税，且所有国家和地区都实现了贸易平衡时产出和贸易将如何受到影响。在这种情形下，由于中国出口美国商品面临高额关税的同时并未相应提高对美国所征收的关税，实际上改善了双方贸易的不平衡。表 8.5 列出了关于中美产出、进口、出口和双边贸易变化的模型校准结果。

表8.5　情形1下的贸易和产出变化　　　　单位：%

行业	美国产出变化	美国进口变化	美国出口变化	美国自中国进口变化	中国产出变化	中国进口变化	中国出口变化	中国自美国进口变化
农业	2.37	-8.04	7.29	-97.80	0.83	0.49	-1.63	8.57
采矿	12.31	-4.11	15.90	-99.55	2.22	-5.66	3.84	14.63
食品	-3.42	-11.03	1.94	-75.37	1.32	0.93	-10.12	3.31
纺织	24.85	-29.34	4.84	-95.69	-6.51	-3.78	-21.30	1.24
林业	5.46	-28.42	6.66	-99.06	-0.68	-3.90	-23.53	7.54
纸制品	5.48	-19.57	14.01	-99.86	-2.84	1.10	-21.75	11.24

(续表)

单位：%

行业	美国产出变化	美国进口变化	美国出口变化	美国自中国进口变化	中国产出变化	中国进口变化	中国出口变化	中国自美国进口变化
石油	14.47	-45.05	60.96	-100.00	2.45	-26.62	17.27	61.40
化工	1.85	-8.19	2.71	-78.54	-2.39	-2.93	-9.55	0.21
塑料	4.94	-12.42	0.93	-61.17	-3.31	-3.28	-14.96	-1.94
矿产品	6.55	-18.63	2.09	-70.31	1.03	1.01	-10.56	2.99
基础金属	6.81	3.07	2.40	-78.33	-0.87	-1.81	-2.41	0.25
金属制品	7.65	-24.63	5.08	-94.69	-3.09	-3.27	-16.94	3.49
机械	-3.05	-18.28	2.32	-62.37	-0.26	0.16	-11.30	1.18
计算机	31.84	-27.53	8.24	-96.05	-14.67	-7.68	-25.63	0.47
电子产品	22.24	-18.27	9.72	-99.32	-2.43	-4.82	-17.97	6.08
汽车	-0.28	-3.96	0.85	-65.33	0.55	0.38	-14.26	1.00
其他交通工具	3.58	1.46	1.66	-37.59	1.03	1.51	-1.43	1.67
其他	-0.07	-27.89	3.00	-84.91	-4.83	0.07	-19.96	2.59
平均	7.98	-16.71	8.37	-83.11	-1.80	-3.23	-11.23	7.00

资料来源：作者计算。

注：最后一行平均值为前面各行的简单算术平均，而不是各行业的加权平均。

与预期相符，大多数行业美国从中国的进口量大幅下降，如表8.5第5列所示，18个行业中有半数美国自中国进口额下降超过90%。这也导致了美国多个行业进口大幅削减，例如美国的石油、纺织、林业和计算机行业的进口额削减了25%以上。为弥补进口量的下降，美国国内产量增加，在计算机、纺织和电子产品这些关税上调前严重依赖中国进口的行业中表现尤为明显。在贸易再平衡的作用下，美国出口温和增长。

相比之下，美国单边关税大幅上调对中国出口产生了灾难性影响，大约减少了13%，其中对纺织、林业、纸制品和计算机行业的影响最大。这种关税冲击也导致中国数个行业的产出显著下降。例如，纺织和计算机行业产量分别下降6.51%和14.67%。中国在石油和计算机行业的进口总量预计分别下降26.62%和7.68%。由于贸易再平衡，有17个行业中国从美国的进口有所增加。由于美国石油增产14.47%，且在世界总产量中占有较大比例（表8.4显示占20.56%），中国从美国进口石油增长61.4%，尤为显著。

我们使用真实工资来衡量每个国家和地区的社会福利。表8.6表明美国的福利损失率为0.66%，中国也同样遭遇福利损失，但幅度仅为0.04%。这个结果看似违反直觉。不过贸易再平衡意味着美国居民不能再通过向国外借贷来为其消费提供资金，这将对美国的消费需求和真实工资产生抑制作用，低迷的消费需求和真实工资进而降低了福利水平。相反，由于中国不需要为其他国家和地区储蓄，因此贸易再平衡使中国受益，这部分抵消了贸易战对中国国内生产的负面影响。如果我们不限制贸易再平衡这一条件，并假设贸易不平衡状况保持不变，美国和中国的真实工资将分别下降0.28%和0.21%。

表8.6　情形1下的真实工资变化　　　　　　　　单位：%

排序	国家和地区	真实工资变化	排序	国家和地区	真实工资变化
1	新加坡	2.58	53	法国	-0.35
2	卢森堡	2.17	54	哥斯达黎加	-0.37
3	爱尔兰	2.04	55	柬埔寨	-0.39
4	文莱	1.90	56	罗马尼亚	-0.51
5	冰岛	1.42	57	突尼斯	-0.57
6	马来西亚	1.40	58	印度	-0.65
7	瑞士	1.19	59	美国	-0.66

(续表)

单位：%

排序	国家和地区	真实工资变化	排序	国家和地区	真实工资变化
8	挪威	1.19	60	葡萄牙	-0.66
9	沙特阿拉伯	1.12	61	希腊	-0.99
10	荷兰	1.08	62	土耳其	-1.12
38	中国	-0.04			

资料来源：作者计算。

虽然一些国家和地区也因参与全球价值链和一般均衡效应而受到损失，但新加坡和卢森堡这样的小国家却可能从单边关税上调导致的贸易转移中收益。即由于对美国出口剧减，中国或许会增加对这些国家的出口。最后，因为美国扩大了生产和出口，小型进口国将受益于较低的商品均衡价格。

4.3 贸易冲突情形2：贸易平衡下的中美双边关税战

接下来，我们考虑中国采取报复性措施，对从美国进口的产品征收45%的关税。和情形1一样，我们假设在贸易战后所有国家和地区达到了贸易平衡。表8.7展示了模型模拟的结果，表明在贸易战的影响下中美双边贸易也将崩溃。在18个行业中，一半以上的行业双边进口下降90%以上。中美双边贸易的崩溃在具有比较优势的行业中表现尤为明显，例如美国出口的农业、林业、矿产品、基础金属和计算机行业，以及中国出口的纺织、林业、纸制品、计算机和电子产品行业。总而言之，美国和中国的进口将分别下降17%和6%。虽然中美两国进口额均是下降的，但由于贸易再平衡，二者的出口受到不同的影响。在贸易平衡下，美国总出口将提高9%，而中国总出口下降15%。

表8.7　情形2下的贸易和产出变化　　　　　　　　　　单位：%

行业	美国产出变化	美国进口变化	美国出口变化	美国自中国进口变化	中国产出变化	中国进口变化	中国出口变化	中国自美国进口变化
农业	-1.14	-10.67	-10.12	-97.94	2.45	-18.69	-4.84	-97.27
采矿	14.05	-4.75	11.64	-99.57	1.93	-2.75	-0.27	-99.44
食品	-4.18	-11.85	-3.47	-75.81	2.28	-7.84	-10.80	-72.45
纺织	23.80	-30.31	-1.40	-95.84	-6.29	-7.72	-22.47	-96.40
林业	3.75	-30.15	-9.12	-99.11	0.38	-14.44	-25.56	-98.90
纸制品	3.12	-22.26	-0.26	-99.88	2.30	-41.50	-25.71	-99.81
石油	16.51	-50.34	72.33	-100.00	2.32	-26.74	2.23	-100.00
化工	-0.30	-9.58	-4.20	-79.08	-0.67	-9.16	-10.28	-77.61
塑料	4.02	-13.27	-2.94	-61.73	-2.46	-6.12	-15.42	-62.96
矿产品	5.43	-19.47	-6.04	-70.80	1.69	-7.64	-11.04	-70.45
基础金属	4.72	1.35	-5.20	-78.88	-0.13	-3.21	-2.98	-79.13
金属制品	6.48	-26.16	1.03	-94.89	-2.35	-11.83	-18.20	-94.46
机械	-4.52	-18.98	-2.32	-62.84	0.56	-3.90	-11.66	-58.59
计算机	27.49	-29.13	-4.97	-96.24	-14.26	-9.67	-26.98	-96.88
电子产品	19.87	-19.95	0.11	-99.36	-1.95	-8.06	-19.90	-99.35
汽车	-1.27	-4.65	-2.89	-65.76	1.42	-3.66	-14.72	-64.25
其他交通工具	3.05	0.89	-0.34	-38.04	1.60	-8.99	-1.55	-38.69
其他	-0.60	-28.69	1.50	-85.29	-4.13	-11.03	-21.01	-83.27
平均	6.68	-18.22	1.85	-83.39	-0.85	-11.27	-13.40	-82.77

资料来源：作者计算。

注：最后一行平均值为前面各行的简单算术平均，而不是各行业的加权平均。

在这种情形下，由于需要提振出口以达到贸易平衡的目的，美国面临着比中国更大的挑战。表8.8表明美国的真实工资水平将下降0.75%，福利损失高于情形1（见表8.6）。而对于中国来说，由于贸易再平衡带来的收入效应超过了美国提高关税的负面效应，中国的真实工资增长0.08%，从中略微受益。

表8.8 情形2下的真实工资变化　　　　　　　　　　单位：%

排序	国家和地区	真实工资变化	排序	国家和地区	真实工资变化
1	新加坡	2.63	53	法国	-0.35
2	卢森堡	2.17	54	哥斯达黎加	-0.37
3	爱尔兰	2.04	55	柬埔寨	-0.40
4	文莱	1.93	56	罗马尼亚	-0.51
5	马来西亚	1.47	57	突尼斯	-0.57
6	冰岛	1.42	58	印度	-0.65
7	瑞士	1.19	59	葡萄牙	-0.67
8	挪威	1.17	60	美国	-0.75
9	沙特阿拉伯	1.13	61	希腊	-1.00
10	荷兰	1.07	62	土耳其	-1.12
37	中国	0.08			

资料来源：作者计算。

4.4 贸易冲突情形3：贸易不平衡下的中美双边关税战

前两种情形表明贸易再平衡在重塑美国和中国的贸易格局、产出和真实工资方面发挥着重要作用。接下来，我们考虑第三种情形，即贸易仍然不平衡，美国和中国都将双边进口关税提高到45%。具体而言，我们假设如贸易战之前一样：美国维持贸易逆差、中国维持贸易顺差。表8.9和表8.10显示了我们的校准结果，与情形2相比有两个方面的差异。

表8.9 情形3下的贸易和产出变化 单位：%

行业	美国产出变化	美国进口变化	美国出口变化	美国自中国进口变化	中国产出变化	中国进口变化	中国出口变化	中国自美国进口变化
农业	-3.97	-2.13	-20.56	-97.49	0.24	-28.55	0.66	-97.84
采矿	-3.49	-0.94	-9.41	-99.50	2.46	-6.56	3.63	-99.59
食品	-0.27	-4.78	-6.58	-73.30	-0.56	-12.17	-9.07	-74.62
纺织	20.83	-19.80	-12.03	-95.05	-5.65	-13.20	-17.45	-96.97
林业	1.16	-20.36	-20.66	-98.90	-1.12	-21.54	-18.13	-99.14
纸制品	-3.14	-9.81	-20.36	-99.83	4.75	-51.70	-14.86	-99.86
石油	-3.02	5.11	-9.93	-100.00	4.22	-40.04	35.44	-100.00
化工	-1.20	-4.31	-8.55	-77.70	-1.45	-11.27	-8.46	-79.15
塑料	1.84	-13.25	-4.32	-61.40	-3.39	-7.59	-15.26	-64.46
矿产品	1.99	-19.40	-9.42	-70.31	-1.46	-12.05	-10.56	-72.78
基础金属	0.00	-0.45	-8.81	-78.72	-1.68	-6.11	-2.30	-80.58
金属制品	2.22	-21.45	-6.82	-94.33	-3.07	-16.18	-14.55	-95.26
机械	-0.07	-8.97	-5.70	-57.96	-1.48	-6.81	-10.12	-60.77
计算机	12.19	-25.21	-19.23	-95.98	-13.14	-11.53	-24.86	-97.39
电子产品	4.59	-15.29	-16.75	-99.27	-2.71	-13.20	-15.40	-99.50
汽车	-0.65	-1.81	-4.71	-64.24	-1.06	-6.72	-14.05	-66.23
其他交通工具	-0.43	-2.78	-2.50	-40.11	-0.30	-11.63	-1.76	-40.70
其他	3.58	-17.61	-3.63	-82.40	-4.06	-16.40	-16.30	-85.02
平均	1.79	-10.18	-10.55	-82.58	-1.64	-16.29	-8.52	-83.88

资料来源：作者计算。

注：最后一行平均值为前面各行的简单算术平均，而不是行业的加权平均。

表8.10 情形3下的真实工资变化   单位：%

排序	国家和地区	真实工资变化	排序	国家和地区	真实工资变化
1	柬埔寨	0.22	53	加拿大	-0.01
2	哥斯达黎加	0.11	54	南非	-0.01
3	新加坡	0.09	55	韩国	-0.02
4	越南	0.08	56	沙特阿拉伯	-0.02
5	墨西哥	0.06	57	澳大利亚	-0.02
6	以色列	0.05	58	文莱	-0.03
7	塞浦路斯	0.04	59	智利	-0.03
8	意大利	0.04	60	中国香港	-0.04
9	中国台湾	0.03	61	美国	-0.32
10	爱沙尼亚	0.03	62	中国大陆	-0.37

资料来源：作者计算。

首先，如表 8.11 所示，尽管情形 2 和情形 3 中的双边进口量均急剧下降，但只有在情形 3 下中国遭受的福利损失超过美国。原因是中国需要像以前一样维持贸易顺差，而美国仍然可以通过贸易逆差收到净转移支付来维持消费和进口。其次，在情形 2 中美国通过增加出口来恢复贸易平衡，而在情形 3 中美国出口因为中国关税上调而下降。

表8.11 三种情形下的不同关税政策比较   单位：%

变量	中国			美国		
	情形 1	情形 2	情形 3	情形 1	情形 2	情形 3
产出	-0.68	-0.07	-1.36	-0.72	-1.08	-0.11
价格指数	0.01	0.38	-0.42	-0.74	-0.98	0.42
出口	-12.96	-14.70	-10.61	11.39	9.25	-6.68
进口	-4.17	-6.09	-10.60	-15.05	-16.68	-6.70

(续表)
单位：%

变量	中国			美国		
	情形1	情形2	情形3	情形1	情形2	情形3
名义工资	-0.03	0.46	-0.79	-1.39	-1.73	0.10
真实工资	-0.04	0.08	-0.37	-0.66	-0.75	-0.32

资料来源：作者计算。

最后，在情形3中，中美双方都遭受损失，成为贸易战中两个最大输家。中美双方的真实工资将分别下降0.37%和0.32%。对比之下，由于要在失去美国这样一个巨大市场的情况下继续保持巨额贸易顺差，中国将受到更大的损失。与情形2相比，由于美国仍然可以保持贸易逆差，即通过外部借贷来维持其消费，因此福利将略有改善。但是，如果我们考虑到中国未来的储蓄回报和美国未来对其现有债务的支付，中国福利损失将缩小，而美国福利损失将会增加。

5. 小结

我们考察了中美贸易战对国际贸易、产出和社会福利的可能影响。通过使用标准的多国和多行业一般均衡模型，我们评估了美国提高对中国关税可能会带来的影响。根据中国是否会报复性提高关税和中美贸易是否会平衡，我们模拟了三种不同的情形。分析发现，在任何情形中，贸易战都将导致中美双边贸易大幅下滑。因此，美国将在分析的三种情形中均遭受社会福利损失，中国则在保持贸易不平衡的情形下也将遭受社会福利损失。前两种情形暗示，一旦和美国打贸易战，中国最好的防御性举措是减少贸易顺差总额和从美国的进口。

我们的研究结果具有重要的政策意义。一方面，美国应该尽可能地承诺继续在 WTO 框架下与中国维持贸易往来，因为对中国的关税战将导致美国真实工资和福利下降。另一方面，由于中国和"一带一路"沿线国家和地区的贸易往来日益密切，中国或将从中取得丰硕的成果。因此，中国可以通过从其他国家和地区进口以减少中美贸易战带来的损失。

有两个相关的问题需要特别注意。第一个问题是，在区域贸易协定和区域一体化背景下对贸易政策的评估。当前中国正在积极寻求区域贸易协定，例如正在进行中的区域全面经济伙伴关系协定（RECP）和"一带一路"倡议。因此，美国对中国发动保护主义行动，可能会殃及中国相关的贸易集团合作伙伴。同样，如果中国及其贸易合作伙伴要对美国及其贸易集团的合作伙伴实施贸易壁垒，那么贸易战的影响将更为深远。第二个问题是，贸易战引发的汇率调整可能在重塑贸易不平衡方面发挥重要作用（Woo，2008）[35]，但这里的分析并未涉及汇率相关讨论。① 尽管如此，我们在不同贸易平衡情景下的研究仍然可以在一定程度上揭示贸易战的后果，无论贸易战将维持当前的贸易不平衡还是使得贸易走向平衡。若要更深入研究这个问题，我们需要将汇率和贸易不平衡内生化，希望未来的研究能更好地解决这一问题。

---

① 我们感谢胡永泰（Wing Thye Woo）教授和木村福成（Fukunari Kimura）教授提出的建设性意见。

第 9 章 为什么特朗普无法赢得贸易战？

自 2018 年 3 月开始，中美爆发贸易冲突，而且持续升级、愈演愈烈。到 2019 年 6 月 15 日，美国已经对自中国进口的 2 500 亿美元商品征收 25% 的关税。中国也对自美国进口的 1 100 亿美元商品征收 5%~25% 不等的关税。而且美国还宣布对剩下的 3 000 亿美元自中国进口商品加征 10% 的关税，分两个阶段实施。对此，2019 年 8 月 23 日中国做出反制，决定对原产于美国的约 750 亿美元进口商品加征 10%、5% 不等的关税。特朗普随即在推特上表示，已经开始加征 25% 关税的来自中国的 2 500 亿美元商品关税税率从 10 月 1 日开始提高到 30%（后因中美谈判取得进展，美方同意暂时不提高加征关税），剩下的 3 000 亿美元商品关税税率从 10% 提高到 15%。特朗普政府对中国发起如此大规模的贸易关税战，但美国能赢得这场贸易冲突吗？

在军事上判断一场战役的胜负，不是看交战双方牺牲人数的多少，而是看是否达到了战略目标。比如，1944 年诺曼底登陆战，盟军伤亡人数高于德军伤亡人数，但盟军成功实现战略目标，开辟了欧洲第二战线，使第二次世界大战的战略态势发生了根本性的变化，毫无疑问诺曼底登陆盟军几乎取得完胜。所以讨论特朗普政府能否赢得中美贸易关税战，我们得看他能否达到他的战略目标，而不是比较双方损失大小。特朗普竞选的口号是"让美国再次伟大"和"美国优先"，发动这场贸易关税战的战略目标有三个：减少美国贸易逆差、促使制造业回流美国、遏制中国高端制造业。然而我们认为，特朗普发动的这场贸易关税战将难以达成上述三个目标。

1. 目标一：减少美国贸易逆差

首先，美国长期的贸易逆差主要原因在于其国内储蓄率低，不足以满足国内投资需求，因此必须以经常账户赤字（贸易逆差）的方式从其他国家和地区融资。美国家庭储蓄率即家庭储蓄占可支配收入的比例，从1973年的13.5%缓慢下降到2005年的最低点3.2%，之后逐步恢复到2017年的6.7%，但仍然只有20世纪70年代的一半。美国的总储蓄率（1－最终消费/GDP）也呈现了同样的趋势，从1973年的高点23.5%逐渐下降到最低点2009年的13.9%，之后缓慢回升到2017年的18.9%。而总投资率除个别年份外一直在20%~25%波动，这中间的投资缺口就需要以经常账户赤字（或贸易逆差）的方式从国际上融资[①]。

其次，在某些时间段，美国政府赤字扩大也是造成其经常账户赤字的原因。从历史经验来看，20世纪80年代的里根总统和2001年开始任期的小布什总统在任期内都推行了大规模的减税政策，造成了财政赤字的上升，降低了国内总储蓄率，因此都推升了经常账户赤字。特朗普政府也推行了大规模的减税，因此可以预计未来几年美国贸易逆差不会缩小，反而会继续扩大。根据美国国会预算办公室的估计，政府预算赤字将从2017年的占GDP的3.5%上升到2021年的4.9%，从而推升经常账户赤字从2017年的占GDP的2.4%到2021年的3.6%。按照这个估计，经常账户赤字在4年内将上升50%。按照美国现在20万亿美元的GDP，经常账户赤字将上升到7 200亿美元左右。

---

① 关于美国经常账户赤字，更详细的探讨请见本书第5章。

最后，当前美国经济增长强劲，内需拉动进口需求，美联储也进一步提高了利率，再加上美国的单边贸易保护主义，都使得美元走强，不利于美国的出口，这也将扩大美国贸易逆差。而中美贸易战可能会导致美国从中国进口减少，但美国从其他国家和地区进口也会增加，同时中国将不得不增加对其他国家和地区的出口，从而挤占美国的出口市场，因此美国总体贸易逆差不会减少。据美国经济分析局统计，2018年美国商品与服务贸易逆差高达6 210亿美元，比2017年增长了12.5%。其中，货物贸易逆差高达8 910亿美元，创下过去十年内的新高。这表明特朗普政府希望通过贸易保护来减少贸易逆差的目的是难以实现的。

无论是长期的结构性因素（低储蓄率、减税导致的财政赤字），还是短期因素（美国经济处于上行周期、美联储不断提高利率，以及美国单边的贸易保护主义政策），都表明特朗普政府要缩减贸易逆差是极为困难的事情。

2. 目标二：促使制造业回流美国

据香港《南华早报》2018年9月22日报道，白宫前首席战略师班农在接受独家专访时说，特朗普的战略就是让中美贸易战"规模史无前例地大"，同时让北京"痛得难以承受"。他进一步表示，特朗普的目的不仅是让中国放弃其"不公平的贸易行为"，他的终极目的是"让美国重新工业化"，因为制造业是一个国家力量的核心。但是，美国制造业的重要性下降不是因为中国的崛起，而是美国经济结构转型和经济全球化的自然结果，降低企业税率、提高进口关税也难以促使制造业回流美国。

第一，美国制造业式微不是一个短期现象，而是随着人均收入逐步提高出现的产业结构从制造业转向服务业的结构性变迁。制造业工人占美国人口的比例自第二次世界大战以来一直处于下降的趋势，美国现在的经济结构已经显著地不同于特朗普年轻的时候。图9.1显示了1977—2017年美国各部门就业人数占劳动年龄人口的比重，我们可以看到服务业就业比重在这40年内缓慢而稳定地上升，而制造业就业比重则在缓慢下降，农业就业人口占比则不到2%。美国经济从制造业转向服务业的结构变化的主要因素是技术进步，特别是计算机和自动化技术的飞速发展，导致制造业同等规模的产出所需的工人减少。根据美国劳工统计局统计，在过去20年，美国制造业的就业人数虽然下降了30%，但制造业的真实产出却上升了60%，主要的原因在于技术进步导致制造业人均产出增加了125%。进入21世纪以来人工智能和机器人技术越来越多地投入制造业生产中去，因此会替代更多的工作和工种，制造业就业占比仍将继续下降。

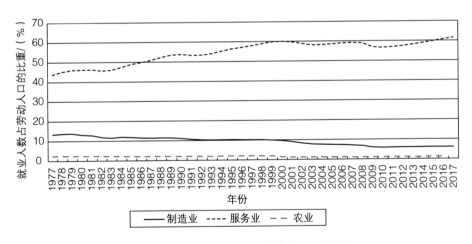

图9.1 美国各部门就业人数占劳动人口的比重

数据来源：美国圣路易斯联储。

随着经济发展，产业结构从制造业转向服务业的结构变化并不是美国特有的现象。图9.2显示了世界上前60大经济体的制造业增加值占

GDP比重与人均实际GDP的关系。可以看出，越发达的国家和地区，制造业比例越低，这是因为越发达的国家和地区，服务业比例越高。图中斜线显示的是两者的线性拟合，从图上看，美国的制造业占比非常接近拟合线，说明美国也并非特例。在同等人均收入水平，中国的制造业占比相对较高，超出拟合值近一倍，说明中国的确无愧于"世界工厂"的称号。这主要原因在于中国人口规模巨大，从事劳动力密集型的制造业有比较优势。但随着人均收入的增加，中国制造业比重也会缓慢下降，而服务业比重会逐步提升。

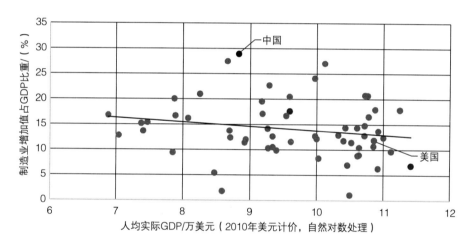

图9.2　2015年世界前60大经济体制造业增加值占GDP比重与人均实际GDP

数据来源：世界银行。

第二，经济全球化将美国经济与世界经济紧密相连，也使得美国可以利用全球资源和劳动力。首先，由于美国资本丰富、劳动力稀缺，因此进口劳动力密集型的中间品和消费品，而出口自己具有比较优势的农产品和资本或者技术密集型产品。其次，美国的跨国公司在全球范围内投资生产，直接利用其他国家和地区的便宜劳动力，再将产品出售到全世界市场。美国的劳动力成本远高于发展中国家和地区，这导致美国公司愿意在海外设厂直接在当地销售和运回美国销售,或者进口劳动力密集型的中间产品以节约成本。从这个意义上讲,全球化的确使美国制造业工人失去了一部分工作,但全球化也给美国出口部门创造了大量工作,给美国公司和消费者提供了廉价的产品,也给美国的跨国公司带来了巨大利润。

图9.3表明,美国制造业劳动力成本远高于东南亚主要发展中国家。2011年美国制造业的劳动力成本是4 083美元/月(2007年不变价美元),而中国的制造业劳动力成本是美国的1/10,东南亚其他发展中国家如菲律宾、马来西亚、印度尼西亚、越南和印度的劳动力成本分别为美国的8%、13%、5%、4%和5%。而且这一比例在过去十年间并没有显著变化,说明东南亚发展中国家相对美国具有非常明显的劳动力成本优势。因此,即使美国对中国出口产品加税可能导致跨国公司将生产转移出中国,但跨国公司也会将生产转移到其他发展中国家,特别是东南亚其他国家,而不是转回美国。因此,中美双边关税战恐怕并不能使制造业回流美国。

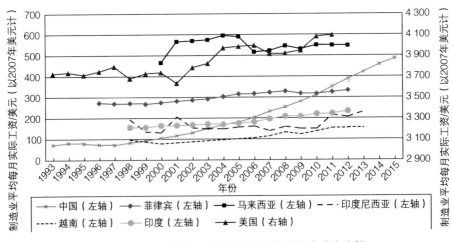

图9.3 美国和东南亚主要发展中国家劳动力成本比较

数据来源:联合国工业发展组织。

第三，假设美国退出WTO，对所有制造业产品进口征收高关税，这不但会提高美国制造业产品的中间品成本，而且由于美国已经没有那么多制造业工人了，劳动力成本也会随之上升，从而进一步削弱美国制造业的全球竞争力。在全球产业链中，美国占据的是研发和销售环节，处于微笑曲线的两端，增加值和利润占比都较高，而制造业生产则是全球性分配，利润占比较低。比如iPhone，美国苹果公司主要负责研发设计和全球销售，而各个零部件的生产则是由全球各个供应商负责，最后由台湾地区设在中国大陆的富士康公司组装并运往全球各个市场销售。虽然苹果公司不负责生产，但它的利润占比却最高，超过60%。有研究表明，将iPhone的整条生产链搬回美国会导致苹果产品成本大幅提高，而且很可能由于缺乏技术工人而导致产能不足。奥巴马在2011年与高科技公司CEO晚宴时问史蒂夫·乔布斯（Steve Jobs）为什么不在美国生产手机时，乔布斯表示，苹果公司在中国招了3万名工程师，管理厂内70万名工人，如果在美国能找到这么多工程师，那苹果公司也能在美国设工厂。目前特朗普政府的移民政策也制约着美国从其他国家和地区吸引人才。要恢复特朗普年轻时期美国的制造大国地位，除非人工智能和机器人生产取得突破性进展，否则恐怕只能是黄粱一梦，即便如此，要大规模增加制造业就业也是不可能的。

第四，特朗普的单边贸易保护主义很可能适得其反，非但不能促使制造业回流美国，反而会削弱美国制造业的竞争力。美国对进口中间品增加关税，增加了国内企业的成本，削弱了美国产品的国际竞争力。同时，美国发起的关税战必然会导致贸易伙伴国的反制，增加对美国出口产品的关税，使得美国出口下降，更进一步迫使美国企业离开美国，到贸易伙伴国直接投资，实现当地生产和销售，来规避关税的影响。贸易政策的不确定性也阻碍了美国吸引外商直接投资。2018年9月马云接受新华社采访时表示，他之前答应特朗普帮助美国新增100万个就业岗位的承诺无法兑现了,因为这个承诺是基于中美友好合作的经贸关系之上的。

关税贸易战导致美国本土企业被迫离开的一个很有名的例子是美国哈雷-戴维森(Harley-Davidson,简称哈雷)公司。该公司是总部位于威斯康星州的全球知名重型摩托车制造商,成立于1903年,是美国百年品牌,如今哈雷摩托已经行销到200多个国家和地区,特朗普也引以为傲,称赞哈雷公司是一家"伟大的美国公司"。但2018年6月,哈雷公司表示将把生产线搬到海外,引起特朗普极大愤怒,在推特上发文指责哈雷公司是"举起白旗投降"。哈雷公司要把生产线搬到海外的原因主要有两个。第一个原因是,特朗普发动的钢铝贸易关税战提高了美国企业购买钢铝等原材料的成本,哈雷公司在2018年4月曾表示,美国向进口钢材征收关税令哈雷公司购买钢材的花费大增75%。第二个原因是,欧盟表示将对美国的钢铝贸易战提出反制措施,宣布会向摩托车、波本威士忌和橙汁征收额外关税。哈雷公司表示,欧盟的关税将令其摩托车在欧盟的售价每辆平均增加2 200美元,因此它必须扩大美国国外的生产线,以避免欧盟的关税。

另外一个例子是福特汽车。由于中美贸易冲突持续升级,中国对从美国进口汽车的关税提高到了40%,美国福特公司对此表示将增加各车型在中国的量产,特别是林肯系列。2017年美国福特公司对中国出口约8万辆汽车,其中约一半是林肯系列。中国对美国汽车的高关税将使得美国汽车出口到中国不再具有竞争力,而在中国实现量产可以避免中国的关税,因此福特公司被迫在中国增加量产。

第五,美国的减税政策对制造业回流作用有限,无法扭转制造业在美国经济中地位下降的趋势。为了吸引制造业回流,特朗普政府在对外征税的同时对国内企业实施了大规模减税,其减税政策主要包括"三板斧":①将公司所得税最高税率从35%降低到21%;②推行"属地"征税原则,未来美国公司的海外利润将只需在利润产生的国家缴税,有利于消除将收益保留在海外的扭曲性激励,鼓励美国企业将境外利润汇回美国以增加国内投资;③对美国公司留存海外的利润存量实施一次性征税,其中现金利润的税率为15.5%,非流动性资产的税率为8%。

虽然特朗普减税政策对制造业竞争力的影响还有待时间检验,但我们可以参考一下里根总统任期内的减税政策(见图9.4)。里根将公司所得税的最高税率从46%降到33%,并将原来15%到46%的五级税制简化为15%到33%的四档税率。但在他任期的1981—1989年间,制造业就业人口占劳动人口的比例却从13%下降到11%,制造业增加值占GDP的比例也从25%下降到22%,而美国制造业出口占全世界制造业出口的比重也从15%下降到12%。这说明里根政府的减税政策并没有改变制造业在美国经济和世界经济中地位下降的趋势。

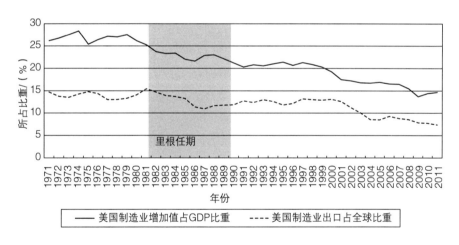

图9.4　1971—2011年美国制造业重要性变化趋势

数据来源:NBER-CES,WITS,BEA。

特朗普对跨国公司的海外收入的税制改革可能有助于跨国公司将存留海外的利润汇回国内,但作用可能是短暂的。税改之前美国采用"属人"税制，即对本国居民的全球所得征税，对其境外所得已缴纳的外国税收给予抵免或者作为成本费用扣除来消除双重征税，这一税制比较复杂，也是美国跨国公司将境外利润留存海外的部分原因。推行"属地"征税原则后，美国公司的海外利润将只需在利润产生的国家缴税，简化了对跨国公司的海外收入的税制，对美国公司留存海外的利润存量则实施一次性征税（以及部分免征和扣除）。根据美国经济分析局的国际收支表显示，2016—2017年间美国跨国公司将境外收入的1/3作为股息红利汇回美国，其余2/3作为留存收益保留在境外子公司。2018年第一季度美国企业境外收入总计1 281亿美元，而美国企业汇回了2 949亿美元股息红利，第二季度美国企业境外收入总计1 329亿美元，汇回股息红利为1 837亿美元，导致2018年上半年美国跨国公司对海外的留存收益再投资为负，这说明美国企业将部分具有流动性的历史留存收益也汇回了美国。2018年前两个季度汇回的股息红利远高于2016年的1 393亿美元和2017年的1 550亿美元，但第二季度的回流远少于第一季度，第三季度则显示美国海外留存收益再投资已经转负为正，约为371亿美元，这说明税制改革对资金回流的影响很可能是短期的。[①]

因此，阻挡特朗普政府重现"美国制造"之梦的不是中国的崛起，也不是不公平的贸易政策，而是经济规律。技术进步和规模经济使得制造业所需工人减少，国际贸易成本和跨国交流成本下降使得美国企业可以全球布局生产链和销售链，在美国保留利润较高的研发设计和销售，将劳动力密集型的生产外包给其他发展中国家和地区。虽然产品不再是"美国制造"，但美国仍旧掌握着全球产业链。使用关税壁垒等办法保护本国不具有比较优势的产业、产品、生产作业反而会适得其反，削弱美国制造公司的竞争力。

---

① 数据来自美国经济分析局2018年第三季度的国际收支报告。

3. 目标三：遏制中国高端制造业

2018年3月初，美国商务部针对中国有关知识产权的301调查出炉，指责中国政府强制外资企业转让技术和知识产权，对美国造成了每年500亿美元的损失。美国因此推出针对中国的三大组合拳：对中国的航空航天、信息通信和机械行业共计500亿美元的商品征收25%的关税；在WTO起诉中国的歧视性技术许可做法；限制中国对美国在敏感技术领域如半导体和5G等领域的投资。对中国500亿美元出口的关税已经在2018年7月和8月生效，并在9月进一步将规模扩大到2000亿美元，高端制造业在美国的两份清单中都是主要目标，剑指《中国制造2025》。

中国目前在航空航天、信息通信和机械等行业并没有明显的竞争优势，相反美国在这些行业对中国有着不小的贸易顺差。然而在中国加入WTO之前，谁也没有料想到中国能在短短十几年里成长为世界最大的贸易国。随着中国劳动力成本的上升，传统的由要素禀赋决定的比较优势逐渐失去，中美贸易格局将由目前遵从比较优势的行业间贸易进入由规模报酬递增和技术优势驱动的行业内贸易。也就是说，在同一行业内的不同产品间的竞争，中美产品之间的竞争会越来越激烈。

在过去的20年间，中国的科研投入和产出都有了极大的提升，中美技术差距显著缩小。技术进步提升了中国企业在国际市场上的竞争力。在全球通信网络设备市场上，华为已经超越爱立信和诺基亚，成为世界最大的通信网络设备制造商，同时在5G移动通信系统的设计上与三星、高通分庭抗礼。2006年成立的创业公司大疆，如今已经成长为全球民用无人机市场的领头羊，在北美占据一半以上市场份额。中国在基础设施建设上所取得的成就也是世界瞩目，特别是高铁已经成为中国的一张名片。阿里巴巴支付宝和腾讯微信正在迅速地将中国带入无现金社会，在移动支付领域，中国的步伐无疑比欧美发达国家迈得更大、更快。

此次美国发动针对中国高端制造业的贸易战，体现了一部分美国政治经济精英们对中美技术差距缩小的担忧。已逝经济学泰斗保罗·A.萨缪尔森（Paul A. Samuelson）早在2004年就撰文指出，如果中国在美国传统具有比较优势的行业如高端制造业技术进步加快的话，中美之间的贸易将不再是衬衫换飞机，而是飞机换飞机，因此美国的比较优势会被削弱从而导致贸易条件恶化，进而使得美国经济和人均收入下降。

但是，美国希望通过贸易战来遏制中国高端制造业的目标也难以达成。首先，中国的高端制造业与全球产业链紧密相连，美国对自中国进口产品征收的关税将被分摊到整条产业链上。在华外资和合资企业也会分担损失。根据我们计算，美方的500亿清单、升级2 000亿清单和3 000亿清单所造成的中国出口损失里，外资企业（包括独资和合资企业）分别占54.6%、45.5%和57.2%。外资企业在第一波关税战中受损比较高的主要原因是其在高端制造业中比例较高。

中美贸易争端的持续升级和所带来的不确定性，使得跨国公司不得不考虑是否将公司搬出中国，转移到其他发展中国家和地区，但不见得大部分跨国公司都会离开。对于在中国组装的输美产品，跨国公司可以将生产的最终组装环节搬到其他国家和地区来规避美国的关税。但在中国生产并服务中国市场或者其他市场的产品，只要中国政府延续对外资一视同仁的政策，跨国公司就不会将生产链搬出中国。中国在基础设施、技术工人、中间品的配套能力方面，要比东南亚许多国家如印度、越南、泰国等有优势。而且中国在很多产品上是最大的单一市场，比如汽车，考虑到在其他国家和地区生产并出口到中国的运输成本，在中国生产并销售要划算得多。对于高端制造业，发达国家主要负责研发和设计，制造不是它们的强项，它们需要高质量的制造商来保证产品质量。跟其他的东南亚发展中国家相比，中国制造业的规模经济和低不良率具有它们难以企及的优势。

第9章 为什么特朗普无法赢得贸易战？

其次，限制中国对美国敏感行业的投资对技术转移的影响也不大，因为中国对美国高科技投资还很少，而且最领先的技术本来就买不到。比较有威胁的是制裁中兴公司时采用停止供应包括芯片在内的美国产品给中兴，这种切断产业链的做法能够迅速致中兴于死地，然而这一做法对美国的芯片公司也会造成极大的损失，而芯片制造则是美国高端制造业的核心行业。因此，美国在最后关头采用罚款和派"合规官"的惩罚方式来替代切断产业链的制裁方法。从历史经验来看，美国对中国一直有高科技产品禁运，这是中美贸易逆差的部分原因，但却没有显著影响中国经济过去40年的高速增长。同时，从历史上看，美国对日本的贸易战也没有影响日本的技术进步和产业升级。

再次，技术转移的途径有很多，美国难以一一切断。进口高科技和高质量的中间产品、高科技公司间工作人员的流动、专利的学习和引用、留学人才的回归、外资企业在中国投资设厂等都是技术转移的途径，在互联网时代要阻断知识的传播更是难上加难。

最后，随着中国科技水平的提高，科技自主创新将比技术转移更加重要，这也是中国打赢这场持久战的关键。在科研和技术创新领域，中国具有其他国家难以企及的三项优势。第一个是"天时"。当前中国经济的产业链比较完整，制造业覆盖面全，因此中间品和配套产品很容易获得，创新相对容易取得成功。第二个是"地利"。中国拥有巨大的国内市场。2008年诺贝尔经济学奖得主克鲁格曼曾指出，巨大的国内市场使得一国企业拥有规模递增优势，从而使得平均成本下降而具有国际竞争力。这两大优势能够缩短研发到商业化的孵化时间并实现利润。第三个是"人和"，即人力资本。2014年，全球颁发超过750万个科学和工程专业学士学位，中国占22%，仅次于印度，而美国仅占10%。中国每年本科及以上学历毕业生的数量高达七八百万，雄厚的人力资本是科技自主创新的基础，是推动中国制造升级到中国创造的重要力量。

以上分析表明，特朗普政府希望通过贸易战来减少贸易逆差、促使制造业回流和遏制中国高端制造业都是难以实现的。相反，贸易战却会对两国经济乃至世界经济造成负面影响。美国2000亿清单不仅包括高端制造业产品，而且涵盖了20%以上的消费品，所以美国消费者也会直接受到伤害。而中国高端制造业其实仍是全球产业链中劳动力密集型的生产阶段，其中企业大部分也是外资企业。同时，美国对中国征收关税也会影响到处于产业链中的美国本土企业。如美国通用汽车已经表示计划关闭在美国的三家工厂，部分原因在于美国提高钢铝关税导致通用汽车的生产成本上升。从资本市场来看，2018年美国的道琼斯指数和纳斯达克指数，中国的A股和中国香港的恒生指数都出现了大幅跌落，均显示出投资者对贸易战前景的担忧。

经济基本面将最终决定贸易战的胜负。对于国际局势，邓小平曾经提出：冷静观察，稳住阵脚，沉着应付。[①] 这句话在今天看来也完全适用。中国要想赢得这场贸易战，出路在于"练好内功"，保持经济稳定增长。当美国这轮经济周期的波峰结束进入衰退期时，中国的市场对美国来说就会显得更加重要，特朗普政府贸易战就越不得人心，反对力量也会变得越加强大起来，中美贸易谈判就会容易得多。

（本文改编自盛柳刚、赵洪岩、赵婧合作发表于 *China Economic Journal* 的论文。）

---

① 邓小平. 邓小平文选（第三卷）. 北京：人民出版社，1993：321.

第 10 章　中国降关税扩进口的空间有多大？

2019 年 5 月 5 日，特朗普突然在推特上发布消息，称将把 2 000 亿美元的中国输美商品的关税从 10% 提高到 25%，并表示将对剩下的 3 000 亿美元中国输美商品征收 25% 的关税。中美第二轮贸易谈判又宣告失败，引发全球金融市场的剧烈动荡。在两轮谈判中，美国都要求中国降低关税并增加自美国的进口。因此，本章分析中国下调关税增加自美国进口的空间有多大。

除了加大能源和农产品进口，中国扩大进口的另一个主要措施是进一步下调关税，这也将是接下来双方贸易谈判和市场关注的焦点。接下来我们比较中美目前的关税差异，分析如果中国将关税降至与美国相同的水平，会增加多少自美国进口，会不会对中国的行业造成很大冲击，以及能否解决中美贸易逆差问题。

1. 中美关税差异

我们首先回顾一下中国关税下调的历史过程（见图 10.1）。20 世纪 90 年代初中国的简单平均进口关税高达 40%，在邓小平南方谈话重新确立了改革开放的方向之后，中国开始大刀阔斧地下调关税。同时为了满足加入 WTO 的条件，关税下调的幅度非常之大，到 2001 年平均关税已经下降到 15% 左右。加入 WTO 之后到 2008 年全球金融危机时，平均关税已经逐步下调到 8.7% 左右。不过在这之后的十年内，关税基本保持稳定，2016 年平均关税仍为 7.8%。按照进口值计算的加权平均关税也展示了从 20 世纪 90 年代的迅速下降到最近十年的稳定状态的类似趋势。作为参照，美国的简单平均关税在同期由 5.2% 降至 2.9%。美国在第二次世界大战后已经经历了多次多边贸易谈判，因此总体关税水平比中国低，但中国在过去 30 年里的关税下调幅度在发展中国家中也是非常令人瞩目的。

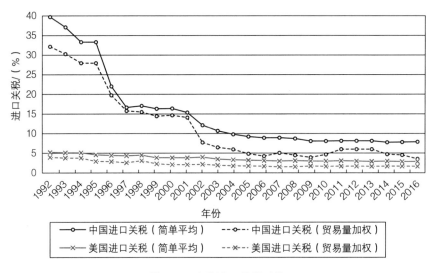

图10.1 中美进口关税对比

数据来源：世界银行 WITS。

现在来看，中国的贸易自由化进程无疑是相当成功的。它使得中国在短短 40 年间从一个进出口体量很小的国家迅速成长为世界第一大出口国、第二大进口国和第二大经济体。而且，中国目前已经成为世界工厂，与美国和德国并列成为亚洲、北美和欧洲三大产业链的枢纽之一。

中国能取得如此辉煌的成就，仅从经济上来说很大程度上要归功于 2001 年加入 WTO。

接下来我们分析中美双边关税差异。由于中美两国均为 WTO 成员方，双边关税税率以本国的最惠国关税税率（Most-favored-nation Rate of Duty, MFN）为基础，因此本文采用的关税为对应于 HS6 位码的平均最惠国关税税率 MFN。由于进口关税是针对 HS8 位或 HS10 位产品一一设定的，所以 HS6 位码的 MFN 有简单平均 MFN 和贸易量加权 MFN。因为名义关税过高会导致进口减少，因此贸易量加权的关税一般会低于简单平均 MFN。但中美 HS6 位码下的简单平均 MFN 和加权平均 MFN 的差异微乎其微，所以我们后续分析均采用简单平均的最惠国税率。

首先，总体上看中美双边关税差异并不大。中国对美国产品的进口关税均值为 9.61%，美国对中国产品的进口关税均值为 3.60%。两国关税在 HS6 位码基础上进行匹配后，其差均值为 6.32%。也就是说，目前中国对美国产品征收关税的平均水平比美国对中国产品征收关税的平均水平高 6.32 个百分点，但有部分产品美国关税高于中国，比如烟草。如果中国将关税高于美国的部分产品的关税降至与美国相同关税水平，同时保持关税低于美国的部分产品的关税不变，则中国关税将平均下降 7.81 个百分点。

其次，分行业看，中美平均关税差异超过 10% 的行业（以 HS2 位码分类）有 25 个，平均关税差异在 0~10% 的行业有 67 个，平均关税差异低于 0 的行业有 4 个（见图 10.2）。其中关税差异最大的三个行业分别是已加工羽毛、羽绒及其制品，饮料、酒及醋，制粉工业产品如麦芽、淀粉、菊粉和面筋，关税差异分别为 18.85%、18.47% 和 16.86%。同时，中国农产品的进口关税相对比较高，如谷物、淀粉、蔬菜水果、咖啡、乳品和蛋品等中美关税的差异都在 12 个百分点以上，车辆及其零部件中国关税也比美国高约 13 个百分点，其中乘用车高约 23 个百分点①。在农产品和车辆上的中美关税差异也体现了美国在这两个行业的比较优势和国际竞争力。

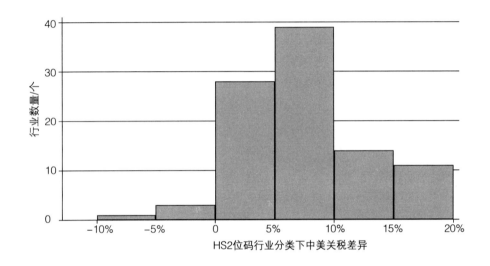

图10.2 HS2位码行业分类下中美关税差异频数分布

再次，从 HS6 产品看，中美双边关税相等的产品共 334 个条目，中国关税高于美国的产品共 4 085 个条目，美国关税高于中国的产品共 321 个条目。中国关税高于美国的产品主要集中在三个行业：核反应堆、锅炉、机械器具及其零部件，有机化学品，电机、电气设备及录音机等，产品数量占比分别为 11.2%、6.2% 和 4.9%。制造业由于中间产品比较多，因此从产品数量来看制造业占比较高，涉及的企业数量也较多。

---

① 2018 年 5 月 22 日，中国宣布自 7 月 1 日起降低汽车整车及零部件进口关税，将汽车整车税率为 25% 的 135 个税号和税率为 20% 的 4 个税号的税率降至 15%，将汽车零部件税率分别为 8%、10%、15%、20%、25% 的共 79 个税号的税率降至 6%。

最后,即使中国关税下调到与美国水平一致,中国关税下调幅度也并不大。我们用(中国关税率－美国关税率)/(1＋中国关税率)来衡量中国关税降至美国水平时各类产品所需下调关税的幅度。发现近85%的产品的关税下调幅度小于10%,只有约2%的产品的关税下调幅度大于20%(图10.3)。

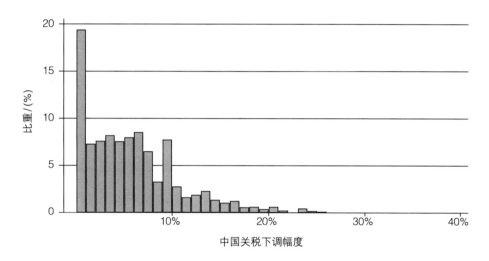

图10.3 中美对等关税假设下中国产品(HS6位)关税下调幅度

2. 对等关税下中国自美国进口潜能

鉴于特朗普政府一直要求对等关税,2018年5月29日白宫发表的声明中也表示会就对等关税与中国进行磋商。我们接下来分析,如果中国将自美国进口关税降至美国自中国进口的关税水平,会增加多少中国自美国进口?会不会对中国各行业造成冲击?我们利用中美对等关税下中国关税下调幅度、中国进口弹性系数和2017年中国进口数据,计算关税下调对中国自美国进口的影响。

我们简单介绍一下估算方法。我们先将2016年中美HS6位下的关税匹配起来，计算中美关税的差异，然后假设所有中方较高关税的税率下调到与美国水平一致。如果美国没有该产品的对应关税，假设中国将此产品关税调整为零。由于中美近几年关税比较稳定，2016年至今中国的关税调整并不大，所以以下分析我们使用了2016年关税数据。然后我们将HS6位下中国关税下调幅度与2017年中国进口数据匹配起来，并利用中国HS6位码各产品进口量对关税的弹性计算对应的关税下降导致的自美国进口额的上升。简单来讲，各个HS6位代码产品的自美国进口增幅等于该产品的进口弹性乘以关税变化率，由此反推出该产品的自美国进口额。产品的进口弹性越大，同等幅度的关税下降会导致越多的美国对中国出口增加。在此基础上我们可以加总产品的自美国进口增加额，计算中国从美国进口的增幅，同时也可以估算出自美国进口增加额占各行业中国的总进口的比重，用来衡量进口增加对行业的冲击力度。

根据弹性计算贸易额变化的方法在局部均衡中被广为使用，我们在之前章节分析中美互征关税的出口损失时也采用了类似的方法。从世界银行提供的进口弹性数据来看，中国和美国所征收关税的相关产品的进口弹性的中位数都接近1，所以对于没有进口弹性的产品，我们使用1作为进口弹性基准来计算。这种利用弹性计算局部均衡下关税调整对贸易额变化的影响的方法也被各国和世界银行等国际组织广泛采用，用来量化分析关税或贸易壁垒下降对贸易的提升作用。我们使用的双边关税数据和弹性系数均来自世界银行WITS，对于1%的产品弹性极端值我们采用世界各国该产品弹性的中位数来替代，以免弹性极端值影响我们的分析。由于中国加工贸易并不征收进口关税，我们在2017年中国进口数据中排除了加工贸易进口，但中美之间直接的加工贸易并不多，是否排除这些样本并不影响我们的结论。我们的分析得出以下三个结论。

首先，关税下降对中国自美国进口增幅的短期促进作用在6%~

13%。采用中国 HS6 位商品的进口弹性,如果关税降至美国水平,将促进美国对中国的出口增加 74 亿美元,增幅约为 6.5%。如果采用世界 HS6 位商品的进口弹性,关税下降对美国出口中国的促进作用也非常接近,约 76 亿美元,增幅约为 6.6%。如果采用美国 HS6 位商品的进口弹性,则关税对美国出口中国的促进作用较大,约 153 亿美元,增幅约为 13%。以上分析表明中国关税下调至美国水平对中国自美国进口的短期促进作用的量级在百亿美元规模,主要原因在于美国对中国的出口只有 1 300 多亿美元,而中美的关税差异并不大,因此关税下调的短期效应有限。对于实现美国要求在短期内减少 1 000 亿~2 000 亿美元的贸易逆差,恐怕难以起到立竿见影的效果。

其次,关税下调对部分行业的中国自美国进口有显著的促进作用。进口增长量最大的六个行业包括:车辆及其零部件,含油子仁及果实、药用植物、饲料,药品,核反应堆、锅炉、机器、机械器具及其零件,谷物,以及航天航空器。其中车辆及其零部件增长量显著高于其他所有行业,达到约 22 亿美元,占关税下调后中国自美国总进口增量的 29%。其余五个行业占中国自美国进口总增量的比例分别为 10%、7%、7%、4% 和 4%。

最后,关税下调对中国总体和大部分行业冲击并不大。我们估算得出中国关税下调对中国自美国进口的短期促进作用在百亿美元规模,相比于中国 1.3 万亿美元的一般贸易进口额来说微不足道,因此对中国经济的整体冲击很小。如果用关税下调后自美国进口增加额占各行业中国的总进口的比重来衡量对中国各行业的冲击力度,地毯等铺地制品、蔬菜水果、炸药等易燃材料三个行业受进口冲击较大,但这三个行业在中国总进口中的份额都非常小,而对其他行业的冲击力度都在 10% 以下。以上述关税下降导致进口增长量最高的六个行业为例,其冲击力度分别为 2.8%、1.6%、2.1%、0.3%、4.7% 和 1%。

以上对中国关税调整的量化分析表明，中国有空间进一步下调进口关税，但指望关税下降在短期内就解决中美贸易不平衡不具有现实可能性。但是，对于中国这样一个还处于高速增长期的发展中国家来说，更需要从动态角度来看待中美贸易逆差。随着中国收入增长，进口需求也会水涨船高，中国下调关税对促进自美国进口的长期作用或将远高于我们的估计，这将有利于缓解中美长期贸易失衡的问题。

我们的分析是基于中国单边减少自美国进口产品关税，这只有在中美两国达成特定的区域贸易协定情况下才具有可行性。在WTO框架下，基于无歧视原则中国下调关税时需对所有成员方一视同仁。在这种情况下，中国从美国的进口就不会增加那么多，但中国总进口则会增加更多，对中国经济的冲击力度会高于我们上面的分析，我们也可以用以上的估算方法来计算中国对WTO所有成员方下调关税的冲击力度。由于中国平均关税水平与发达国家如美国的关税已经差距不大，因此即使是普惠性的降低关税，对中国的进口冲击力度也将在中国的承受范围之内。在过去40年间的中国贸易自由化过程中，中国关税水平从20世纪90年代的40%下降到目前的8%左右，总体来讲促进了中国企业的生产效率，提高了人民的生活水平，同时并没有导致大规模的失业。而如今中国的企业比20年前更具有竞争力、承受力更强，因此也将能承受得了关税进一步从8%下调到3%水平的冲击。

随着中国居民收入水平的上升，关税水平在多边贸易谈判过程中会逐步向发达国家收敛。因此，中国不如转被动为主动，主动下调关税扩大进口，减少贸易摩擦，增强自身在国际贸易体系中的领导力，反击特朗普政府掀起的贸易保护主义。同时，为了减少关税下降带来的进口冲击，中国可以分阶段、分产品地下调关税。2018年5月22日中国政府宣布7月1日起整车进口关税降至15%，汽车零部件进口关税降至6%，日用消费品包括服装鞋帽、体育健身用品、家电、化妆品、医药保健品和水产品等关税也将有不同幅度的下调,这正是这一策略的体现。关税下降有利于降低中国消费者和企业的进口品成本,也有利于其他国家和地区分享到中国这个日益增长的市场的红利。

(本文曾发表于《金融时报》中文网,2018年5月31日,为了便于阅读做了修订。)

第11章　挑战与应对

2018年这场突如其来的中美贸易战，给正处于L形增长的中国经济造成了极大压力。为了防范和化解重大金融风险，中央力推供给侧改革，在去产能和去杠杆的压力下，内需开始紧缩，贸易冲突则进一步削弱了外需。同时，2018年美联储连续加息四次，全球流动性收紧，中国人民银行实施宽松货币政策受到严重掣肘。中美贸易争端先谈后打、以打促谈、边打边谈的跌宕起伏的过程也给资本市场带来了巨大的不确定性，导致沪深指数、恒生指数和人民币汇率波动加剧，严重影响了消费者和投资者对未来中国经济和中美关系的信心。因此，如何应对和解决这场中美贸易争端，已经成为中国政府的当务之急。

我们必须认识到，中美两国的经贸关系是世界上最大的两个经济体之间的关系，关系到世界经济的稳定与增长，而且两国之间经贸相互依存度很高。因此，即使中美经贸关系转向"战略竞争"，我们仍然要极力避免"战略对抗"或"经济冷战"，要妥善管控分歧，强调合作共赢，更要避免让贸易冲突扩展到意识形态、地缘政治和军事领域。

在具体的策略方面，中国的应对策略组合可以概括为九个字——"促开放、稳增长、调结构"。

"促开放"表明中国仍然坚持对外开放的基本国策，而且会朝着全面开放的方向前进，也表明中国坚决反对贸易保护主义，这不仅有利于缓解贸易战带来的负面冲击，也有利于与美国达成贸易协定。

"稳增长"是打赢这场贸易战的决定性因素。截至 2019 年上半年美国经济增长依然强劲,使得特朗普政府敢于发起对各国的贸易冲突。中国只有维持内部经济稳定增长,才能保有与美国贸易谈判的强硬底气,如果中美贸易冲突导致中国发生金融危机或经济增长断崖式下跌,将对中国非常不利。

"调结构"是积极应对贸易谈判和解决贸易争端的必要手段,也是为中国经济的可持续增长创造新的经济增长点。中美贸易冲突在很多方面是结构性因素,如贸易失衡、国有企业和补贴政策与市场经济的矛盾等,因此要想中美之间谈判达成一致,结构调整不可避免,宜早做准备。但"调结构"应将回应美方贸易谈判要求、解决中美贸易争端和促进中国经济增长结合起来。

目前来看,"促开放"步伐相对较大,"稳增长"还未见明显成效,"调结构"则进展稍慢。

1. 促开放

美国的一个主要诉求是中国扩大进口减少中美贸易逆差。中国一方面可以加大对美国产品的进口,如汽车、农产品和液化天然气等。另一方面,如之前我们已经讨论过的,中国有进一步下调关税的空间来促进进口。接下来我们讨论 2018 年以来中国"促开放"的举措,主要包括降低关税、放宽对外资的市场准入和积极推进多边贸易协定谈判等进一步对外开放的措施。

1.1 降关税

首先,自 2018 年 4 月以来国务院已经分四次大幅下调进口关税(见表 11.1)。5 月 1 日起以暂定税率方式将包括抗癌药在内的所有普通药品、具有抗癌作用的生物碱类药品及有实际进口的中成药进口关税降为零，另外还较大幅降低了抗癌药品生产、进口环节增值税税负。2018年7月1日起降低汽车整车和零部件的进口关税。汽车整车税率为25%的135个税号和税率为20%的4个税号的税率降至15%，汽车零部件税率分别为8%、10%、15%、20%、25%的共79个税号的税率降至6%。据2017年进口规模测算，此次减税政策实施至少带来450亿元（汽车整车）和78亿元（汽车零部件）的减税规模。同时，7月1日起调低了部分进口日用消费品的最惠国税率。日用消费品包括食品、服装鞋帽、家居用品、日杂百货、文体娱乐、家用电子、日化用品、医药健康等8类，平均税率由15.7%降为6.9%，平均降幅达56.05%。11月1日起对1 585个税目的机电设备、零部件及原材料等工业品实施降税，约占我国税目总数的19%，平均税率由10.5%降至7.8%。

表11.1　2018年中国进口关税降低举措

发布日期	实施日期	税目数	商品	降税幅度	商品明细
2018-04-23	2018-05-01	28	药品	最惠国税率下调至4%~6%不等，暂定税率均下调至0	包括抗癌药品在内的所有普通药品和具有抗癌作用的生物碱类药品、有实际进口的中成药等
2018-05-22	2018-07-01	218	汽车及零部件	20%~25%的汽车整车税率降至15%，8%~25%的汽车零部件税率降至6%	大小型客运机动车（包括小轿车、越野车等）、货运机动车等及其底盘、车身、零部件
2018-05-31	2018-07-01	1449	日用消费品	平均税率由15.7%降为6.9%	食品、服装鞋帽、家居用品、日杂百货、文体娱乐、家用电子、日化用品、医药健康等8类日用消费品
2018-09-30	2018-11-01	1585	工业品	平均税率由10.5%降至7.8%	(1) 纺织品、建材、贱金属制品、钢材等具有竞争力优势的产业；(2) 部分机电设备；(3) 木材制品、宝玉石等资源性商品及初级加工品

数据来源：根据中华人民共和国国务院关税税则委员会的通知与公告整理得到。

中国上一次大幅下调关税是在加入WTO的2001—2008年间，平均税率从15%下降到8.7%，不过在这之后的十年内，关税基本保持平稳。2018年关税下调幅度是2008年金融危机以来最大的，有利于降低消费者和企业的成本，虽然距离美国要求的对等关税还有一定距离，但缩小了中美关税差距，有利于减少贸易摩擦。"促进口"举措一方面有利于与各国分享中国日益增长的市场红利，另一方面也有利于从其他国家和地区寻找替代产品，缓解对自美国进口商品征税对自身的伤害。

1.2 市场准入

在外资市场准入方面，中国政府先后发布了2018年版和2019年版《外商投资准入特别管理措施（负面清单）》，放开了金融、交通运输、商贸流通、专业服务、制造、基础设施、能源、资源、农业等22个领域的外商市场准入。最重要的是列出了汽车市场和金融领域的开放时间表。2018年取消专用车、新能源汽车整车制造外资股比限制，2020年取消商用车外资股比限制，2022年取消乘用车外资股比限制以及合资企业不超过两家的限制。在金融领域，2018年取消对中资银行的外资单一持股不超过20%、合计持股不超过25%的持股比例限制；2018年将证券公司、证券投资基金管理公司、期货公司由中方控股改为外资股比不超过51%，2021年取消外资股比限制；2018年将寿险公司外资股比由50%放宽至51%，2021年取消外资股比限制。

对外资股比限制的主要考虑是希望通过合资的方式让中方合伙人能够学到外资先进的技术、组织和管理经验，但股比限制却使得外资企业不愿意将最先进的、技术领先的产品转移到中国来生产。在加入WTO之前，中国在制造业和服务业领域都鼓励中外合资，限制外商独资，但为了加入WTO，中国逐步放松了制造业中除了汽车等一小部分行业的外资股权限制，但服务业的股比限制却一直没有放开。根据香港中文大学盛柳刚教授和美国弗吉尼亚大学杨涛教授发表在《发展经济学杂志》(Journal of Development Economics, JDE) 的研究表明, 中国在加入WTO后对制造业里的外资放开股比限制, 吸引了大量的外商独资企业, 使得外商独资企业迅速成为中国外资企业(包括合资、合作、独资三类企业)最重要的力量, 而且这些企业带来了更先进的产品, 增加了技术密集型产品的出口, 进而提高了对技术人才的需求和他们的工资。[36] 制造业放开外资股比限制使得中国迅速崛起成为"世界工厂", 并超越日本成为亚太地区全球生产链的枢纽。因此, 从历史经验来看, 放开外资的股比限制对中国经济发展是有利的。当前美国对中国的一个最大的不满就是, 如果美国公司想在中国开展业务, 在某些行业和地区就会被迫与当地公司成立合资企业, 导致有价值的技术和知识产权被转移到中国企业。放开股比限制可以缓和美国对中国在强制技术转移方面的指控。

在中国放开汽车行业外商股比限制之后, 特斯拉成为第一个吃螃蟹的公司。特斯拉宣布在上海投资50亿美元, 建立全球超级工厂, 全部建成运营后年产能将达50万辆纯电动整车, 该工厂已于2019年1月初在上海破土动工。同月, 国际评级巨头标准普尔在中国的全资子公司已获准正式进入中国开展信用评级业务, 英国最大的电信运营商英国电信(British Telecom)成为在中国国内首个获得全国性牌照的外资电信公司。该公司获得了两张牌照, 分别是中国全国IP-VPN许可证和中国全国互联网接入服务提供商(ISP)许可证, 主要为中国国内客户提供互联网连接, 但不会提供内容。预计未来会有更多的外商独资公司进入中国。

汽车和金融是美国两大具有比较优势的行业, 因此中国放开汽车和金融行业外资准入对美国企业具有相当大的吸引力。但是, 中国并没有放开IT和互联网信息服务行业的准入, 也没有给出开放的时间表, 美国互联网高科技公司仍然被挡在中国国门之外, 因此2019年版的《外商投资准入特别管理措施(负面清单)》难以赢得它们的支持。由于美国互联网高科技公司在商界、政界、资本市场以及公众舆论方面都有着举足轻重的影响,中国应该在这一领域迈出更大的开放步伐，以便赢得更多的支持。

除了放开对外资的市场准入，中国也加快了完善外商投资相关法律制度的步伐。2019年3月15日，十三届全国人大二次会议表决通过了《中华人民共和国外商投资法》。这一法律目的在于推动中国由商品和要素流动型开放向规则制度型开放转变，宗旨在于对标国际通行规则。该外商投资法在外资管制方式和立法技术上借鉴了《加拿大投资法》《澳大利亚1975外国收购接管法》以及一些发达国家较为成熟的外资管理体系，目的在于与世界主要经济体通行的市场法律对接。这部法律将成为中国关于外商投资的基础性法律，并取代早年的"外资三法"（《中外合资经营企业法》《外资企业法》和《中外合作经营企业法》）。这部法律不仅体现了对所有外资企业一视同仁，而且简化了过去40年来逐渐形成的对外资企业的纷繁复杂的法律和行政法规监管。在法律层面保障中国对外资的制度安排与国际通行规则接轨，这无疑是中国对外开放的一大进步，在进行其他结构性改革时，如国企和补贴问题，也应当以此为准绳。

1.3 进一步对外开放

2017年习近平总书记在十九大报告中指出，要推动形成全面开放新格局，为下一步的对外开放设定了长远目标。对此，中国政府应当设立对外开放的具体目标和时间表。

首先，在对外贸易领域，应该瞄准将最惠国关税降至发达国家水平，并尽量减少非关税壁垒。2001年中国以发展中国家身份加入WTO，因此最惠国关税可以高于发达国家。2018年中国人均GDP接近1万美元，继续使用与发展中国家相当的关税税率将使中国遭到一些国家批评，这也是此次中美贸易冲突爆发的导火索之一。2019年1月16日，美国向WTO总理事会提交了一个文件："一个无差别的WTO：自我指定的发展状态导致体制的边缘化（An Undifferentiated WTO: Self-declared Development

Status Risks Institutional Irrelevance)"。美国认为1995年用来区分"发达国家"和"发展中国家"的标准已经过时,比如中国1995年以来经济规模增长了五倍,显然不再属于"发展中国家";并且指出WTO成员"自我指定"发展阶段和WTO规则对处于不同发展阶段的国家适用程度不同妨碍了WTO的进一步发展,比如成员的不同分类是导致多哈回合在市场准入、国内支持和出口竞争方面谈判失败的主要原因。中国应当早做准备,化被动为主动,出台时间表,将进口关税进一步下调。

其次,在外商投资领域,尽快落实竞争中性原则,不涉及国家安全的行业应该对各种所有制的企业都放开准入,不设股比限制。由于制造业大部分行业已经对外商开放,下一步重点是扩大服务业和公共产品行业市场准入。市场准入放开的同时,也要改善法治和营商环境,加强对企业知识产权的保护。

最后,改变追求贸易量和投资额的做法,而应该以多边贸易和投资规则为导向,参与和推动多边贸易和投资协定。推动中国企业走出去投资生产,有利于降低中国对美国的直接出口,从而降低两国间贸易逆差。2018年中国加快了与其他国家和地区的贸易和投资谈判,包括中日韩自由贸易协定、中欧投资协定、区域全面经济伙伴关系协定(RCEP)。2018年中国与新加坡也达成了自贸协定的升级版本。中美贸易冲突的一个正面效应是推动中国加快与其他国家和地区的贸易和投资自由化,长远来看有利于中国经济持续健康增长。

2. 稳增长

如果说2001年的"9·11"事件和2008年的全球性金融危机给中国带来了十多年的战略窗口期来改善经济,那么2018年无疑给美国提供了一个极佳的时机来发起针对中国的贸易冲突。2018年中美宏观经济走势可以用两个差距缩小来概括：中美"增速差"和"利率差"都显著缩小且处于历史低位。换句话说，美国经济处于上行周期，而中国经济正处于下行周期，而美联储加息则限制了中国人民银行的货币政策空间，无法采取更为宽松的货币政策来刺激内需。2018年美国经济处于2008—2009年金融危机之后复苏最为强劲的一年，2018年第二季度美国实际GDP同比增长率高达4.2%，而美联储自2015年以来已经连续九次加息（截至2019年10月底2019年已降息三次），一度将基准利率提高到了2.25%~2.5%（2019年10月底为1.5%~1.75%）。相反，中国经济正处于L形的新常态中。自2011年开始，实际GDP增长率逐年下行，从2010年的10.6%下降到2017年的6.9%（见图11.1）。一般情况下宏观经济疲弱的话，中国人民银行需要降息放松银根，但因为美联储收紧流动性，中国人民银行降息将导致中美利差继续缩小从而导致资本外流压力增大。因此，2016年以来中国人民银行维持基准存款和贷款利率不变，而是通过降低存款准备金来释放更多流动性，中美利差缩小。图11.2画出了上海银行间7天同业拆借利率和美元银行间7天同业拆借利率，可以看出，中美银行间市场利率差异自2016年以来已经显著缩小。

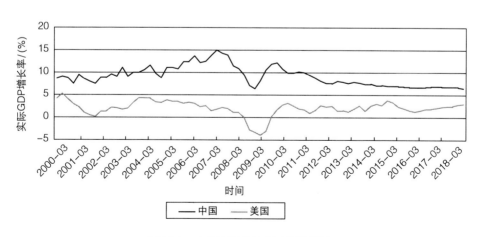

图11.1 中美实际GDP季度同比增速

数据来源：CEIC数据库。

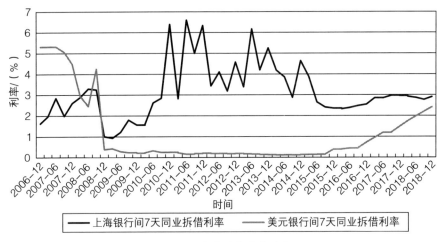

图11.2 中美利率季度对比

数据来源：CEIC 数据库。

2.1 贸易战阴影下中国经济放缓

"稳增长"并不是 2017 年年底中央经济工作会议上制定的 2018 年的政策重心。当时的主要任务仍然是供给侧改革，通过去杠杆来防范化解重大金融风险。然而到了 2018 年 7 月，由于中美贸易冲突升级，第一轮关税战进入实施状态。这不仅削弱了中国的出口，而且贸易争端所带来的不确定性使得人们不得不担心中美两国的长远战略关系，使得金融市场承受了巨大的压力。美国斯坦福大学经济学教授尼古拉斯·布鲁姆（Nicholas Bloom）及其合作者们利用媒体关于中国经济形势和政策的大数据（香港《南华早报》）设计了一项经济政策的不确定性指标。如图 11.3 所示，中国经济所面临的不确定性在 2018 年显著提高，达到过去六年来最高值，而且还有继续上升的趋势。这一不确定性导致在岸人民币兑美元汇率从 2018 年 3 月的 6.3 元人民币兑 1 美元附近跌至 2018 年 8 月初的 6.9 元人民币兑 1 美元，直逼 7 这一大关。上证指数同期从 3 300 多点回落到 2 800 点，香港恒生指数也从 3 万多点的高位显著回落（见图 11.4）。

第11章 挑战与应对

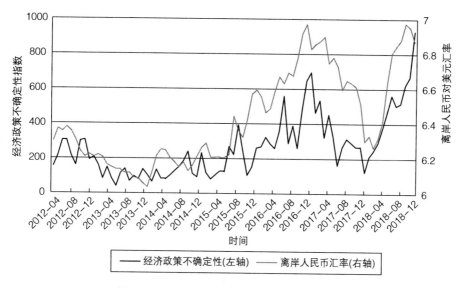

图11.3 中国经济政策不确定性和人民币汇率

数据来源：'Measuring Economic Policy Uncertainty' by Scott Baker, Nicholas Bloom and Steven J. Davis at www.PolicyUncertainty.com，以及 Wind 数据库。

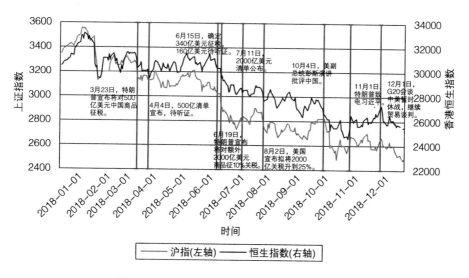

图11.4 2018年上证指数和香港恒生指数波动

数据来源：Investing 网站。

2018年中国经济下行更加明显。季度国内生产总值同比增速由第一季度的6.8%一路下滑到第四季度的6.4%。社会消费品零售总额增速大幅下滑，从2017年的10.2%下降到9.0%，其中11月单月增速下滑至历史最低点8.1%。固定资产投资增速从2017年的7.2%下滑到5.9%，其中增速下降幅度最大的是基建投资，从2017年的19%下降到3.8%，其中交通运输、仓储和邮政业与水利、环境和公共设施管理业都大幅下降，主要受城投和地方政府隐性债务监管收紧的拖累。制造业投资增速从2017年的4.8%上升到9.5%，但部分原因是产能过剩行业供给侧改革后的反弹，包括黑色金属、有色金属和非金属制造业。不过从2018年11月开始，规模以上工业企业利润增速为负，利润下降将带动未来投资减少。

2018年出口表现好于市场预期，全年增速为9.9%，高于2017年的7.9%。主要是因为全球经济基本面较好、中美贸易冲突的"抢出口"效应和人民币贬值促进出口。不过，贸易冲突对出口的负面影响开始显现。美国自中国的进口中，340亿美元、160亿美元和2000亿美元清单中的商品进口增速分别从7月、9月和10月开始大幅下滑（加征关税执行日期分别为7月6日、8月23日和9月24日）。中国月度出口增速11月开始大幅下滑，12月更是下降为负值（-4.4%）。

2018年经济下行的主要原因在于投资者和消费者信心不足，对未来经济形势比较悲观，因此主动降杠杆，再加上供给侧改革的"被动型"去杠杆，造成信贷萎缩，降低了总需求。首先，在中美建交40周年之际，中美未来关系将何去何从？美国对中国发动的贸易冲突，表明两国长达40年的合作关系面临艰巨的挑战，过去中美关系是"好也好不到哪里去，坏也坏不到哪里去"，但现在不少中国人担心"遏制中国"已经成为美国的主流意识，中美关系"好不到哪里去，但坏的情形可以很坏"。中美关系的不确定性给全球经济蒙上了阴影，对处于经济新常态的中国投资者和消费者来说更是雪上加霜。

其次,民营经济已成为中国经济的重要组成部分,由于各种原因,部分民营企业的发展遇到一定困难。

再次,市场担忧中国经济缺乏新的增长点。拉动中国过去40年经济增长的"三驾马车"是出口、投资和消费。但中国已经是世界第一大出口国,潜在增速有限,而且贸易战阴影下出口增速将难以维系。2018年,由于全球经济基本面延续复苏格局,特别是美国经济增长强劲,因此继续拉动了全球贸易的增长。另外,由于贸易战下的抢出口效应,使得中国提前预支了一部分2019年的出口,因此2019年出口情况可能不如2018年。投资主要靠房地产、基建和制造业,而房地产价格尤其是一线城市房地产价格已然偏高,放松房地产调控、继续依赖房地产来拉动经济无疑是饮鸩止渴;高端制造业本是经济增长新动能,但目前是美国301调查和关税报复针对的主要行业,因此投资不容乐观。消费行业过去主要的拉动力量汽车销售在2018年首次出现负增长,反映了汽车市场将进入饱和,也反映了中国家庭在预期未来收入不景气的情形下不愿意背负更多债务进行消费升级。

最后,从供给面看,2018年的去杠杆和资管新规在一定程度上影响了资金流向实体经济,特别是通过影子银行的通道。基建主要依赖地方政府的融资,在去杠杆压力下地方政府融资困难,因此基建增速乏力拖累了投资。而资管新规的颁布,对之前相当活跃的影子银行业务踩了急刹车,委托、信托、表外票据融资规模大幅萎缩。影子银行业务虽然带来了一定的潜在金融风险,但它们的确也为实体经济提供了新的融资渠道,特别是对于那些从传统银行那里融资相对比较困难的企业。在强监管的"一刀切"的打压下,影子银行融资在2018年大幅收缩,因此拉低了社会融资规模的增长,民营企业在融资方面受伤更为严重。2019年1月,为了有效解决部分民营企业融资难融资贵的问题,中共中央办公厅、国务院办公厅印发《关于加强金融服务民营企业的若干意见》（中办发〔2019〕6号），随后，各地方政府陆续出台了具体政策措施，如江西省于2019年2月发布了《关于金融支持民营经济发展的若干措施》（赣府厅发〔2019〕6号）。

2.2　稳增长政策出台

2018年7月底的中央政治局会议开始意识到经济的下行趋势，对经济形势的判断已经从"稳中有进""稳中有变"变成了"稳中有忧"，政府逐步将政策目标从"去杠杆"转到"稳增长"上来，货币政策和财政政策逐渐转向宽松。2018年上半年两次降准之后，中国人民银行分别在7月和10月两次降低存款准备金率，同时适度增加中长期流动性，引导利率下行。中国银行间债券质押式7天回购利率6月在2.8%左右波动，而下半年跌至2.6%上下徘徊。在10月国际货币基金组织和世界银行年会上，中国人民银行行长易纲亦表示中国的去杠杆已经取得阶段性成果，宏观杠杆率已经稳住，暗示降低债务杠杆已经不是中国人民银行的主要任务，但同时表示不会采取大水漫灌的形式来刺激经济。

与此同时，中国政府采取多种减税降费措施来降低企业成本（见表11.2）。财政部部长刘昆表示，2018年的减税降费总额约为1.3万亿元，高于年初设定的1.1万亿元减税目标。主要包括：下调增值税1个百分点，部分行业增值税期末留抵税额予以退还；增加企业研发费用的所得税抵扣；个税起征点调整至5 000元，并根据子女教育、继续教育、大病医疗、住房贷款利息、住房租金和赡养老人六项专项附加综合定额扣除。为了化解美国对中国的惩罚性关税的影响，财政部于2018年9月15日和11月1日分两次上调了部分产品的增值税出口退税率。市场普遍认为当前的减税降费力度不够，1.3万亿元减税规模不到2017年中国GDP的1.7%。此外，基建投资下降也拖累了整体的固定资产投资。

表11.2 中国政府为企业减税降费举措

发布日期	实施日期	具体措施
2018/3/28	2018/5/1	深化增值税改革三项措施。 （1）适当降低增值税税率。将原适用17%税率的制造业、11%税率的建筑业、交通运输业等行业税率分别下调1个百分点。 （2）统一增值税小规模纳税人标准。增值税小规模纳税人标准为年应征增值税销售额小于等于500万元。 （3）符合条件企业可退还留抵税额。2018年对纳税信用等级为A级或B级的部分行业增值税期末留抵税额予以退还，具体包括装备制造等先进制造业、研发等现代服务业，以及符合条件的企业和电网企业。
2018/1/1	2018/4/4	四类政府性收费降费措施。 政府性收费清理规范的范围不仅包括行政事业性收费和政府性基金项目，还涉及基本养老保险、失业保险、工伤保险、住房公积金、工程建设领域保证金等方面。
2018/1/1	2018/5/10	两项企业所得税优惠政策。 （1）设备：企业在2018年1月1日至2020年12月31日期间新购进的设备、器具，单位价值不超过500万元的，允许一次性计入当期成本费用在计算应纳税所得额时扣除，不再分年度计算折旧；单位价值超过500万元的，仍按相关规定执行。 （2）教育经费：自2018年1月1日起，企业发生的职工教育经费支出，不超过工资薪金总额8%的部分，准予在计算企业所得税应纳税所得额时扣除；超过部分，准予在以后纳税年度结转扣除。
2018/1/1	2018/7/11	进一步扩大小型微利企业所得税优惠政策范围。 自2018年1月1日至2020年12月31日，将小型微利企业的年应纳税所得额上限由50万元提高至100万元，对年应纳税所得额低于100万元（含100万元）的小型微利企业，其所得减按50%计入应纳税所得额，按20%的税率缴纳企业所得税。
2018/1/1	2018/9/21	企业研发费用加计扣除比例提高到75%的政策由科技型中小企业扩大至所有企业。 企业开展研发活动中实际发生的研发费用，未形成无形资产计入当期损益的，在按规定据实扣除的基础上，在2018年1月1日至2020年12月31日期间，再按照实际发生额的75%在税前加计扣除；形成无形资产的，在上述期间按照无形资产成本的175%在税前摊销。

(续表)

发布日期	实施日期	具体措施
2018/10/8	2018/11/1	出口退税。 我国将现行货物出口退税率为15%的和部分13%的提至16%；9%的提至10%，其中部分提至13%；5%的提至6%，部分提至10%。退税率由原来的七档减为五档，并缩短退税时间。
2019/1/17	2019/1/1–2021/12/31	小微企业普惠性税收减免政策。 (1) 对主要包括小微企业、个体工商户和其他个人的小规模纳税人，将增值税起征点由月销售额3万元提高到10万元。 (2) 大幅放宽可享受企业所得税优惠的小型微利企业标准，加大所得税优惠力度，对小型微利企业年应纳税所得额不超过100万元、100万元到300万元的部分，分别减按25%、50%计入应纳税所得额。调整后优惠政策将覆盖95%以上的纳税企业，其中98%为民营企业。 (3) 允许各省（区、市）政府对增值税小规模纳税人，在50%幅度内减征资源税、城市维护建设税、印花税、城镇土地使用税、耕地占用税等地方税种及教育费附加、地方教育附加。 (4) 扩展投资初创科技型企业享受优惠政策的范围。
2019/3/20	2019/4/1	继续下调增值税：将制造业等行业原适用16%的税率下调为13%；将交通运输、建筑、房地产等行业原适用10%的税率下调为9%，原适用6%税率的保持不变。
2019/4/1	2019/5/1	降低城镇职工基本养老保险单位缴费比例，高于16%的地区可降至16%；继续阶段性降低失业保险和工伤保险费率，现行的阶段性降费率政策到期后再延长一年至2020年4月30日；调整就业人员平均工资计算口径，由此核定社保个人缴费基数上下限，合理降低部分参保人员和企业的社保缴费基数。

数据来源：根据中华人民共和国国务院、中华人民共和国财政部、国家税务总局的通知与公告整理得到。

另外，2019年中国政府在2018年减税降费的基础上推出了更大规模的减税和更为明显的降费，主要包括四个方面：

一是对小微企业实施普惠性税收减免。①提高增值税小规模纳税人起征点，由月销售额3万元调整到10万元，即月销售额10万元以下的，不用再缴纳增值税。②放宽小型微利企业标准并加大优惠力度。在税率优惠方面，按应纳税所得额不同，分别采用所得税优惠税率。③对小规模纳税人缴纳的部分地方税税种，可以实行减半征收。④扩展初创科技型企业优惠政策适用范围，对创投企业和天使投资个人投向初创科技型企业可按投资额的70%抵扣应纳税所得额的政策。

二是深化增值税改革，继续推进实质性减税。

三是全面实施修改后的个人所得税法及其实施条例，落实好六项专项附加扣除政策，减轻居民税负。

四是积极研究制定降低社会保险费率综合方案，进一步减轻企业的社会保险缴费负担。同时，清理规范收费，加大对乱收费的查处力度。

"稳增长"的不少政策正在落地。2019年年初中国人民银行再次将存款准备金率下调1个百分点，释放1.5万亿元的流动性，国家发改委也在紧锣密鼓地批复新的基建项目。李克强总理在2019年两会时宣布4月1日进一步下调增值税税率，将制造业等行业原适用16%的增值税税率下调为13%；将交通运输、建筑、房地产等行业原适用10%的税率下调为9%，原适用6%税率的保持不变。确保所有行业税负只减不增，继续由三档向两档迈进。李克强总理同时宣布从5月1日起降低社会保险费率。降低城镇职工基本养老保险单位缴费比例，高于16%的地区可降至16%；继续阶段性降低失业保险和工伤保险费率，现行的阶段性降费率政策到期后再延长一年至2020年4月30日；调整就业人员平均工资计算口径，由此核定社保个人缴费基数上下限，合理降低部分参保人员和企业的社保缴费基数。据官方估计，此次增值税税率和单位社保缴费下调将减少企业负担约2万亿元。但目前来看，以上措施还不足以提振市场信心，也不足以改变经济下行的趋势，市场预期2019年经济增速将显著低于2018年的6.6%。2019年第一季度国内生产总值同比增长6.4%，第二季度增长率下滑至6.2%，第三季度增长率下降至6.0%。增长的乏力将使中国面临内忧外患的境地。

中国政府有必要采取多种举措防止经济增长失速。首先应该将"稳增长"确立为2019—2020年首要经济任务来抓,不再强调去杠杆、去产能,这将有利于稳定民心和信心。其次,可以采取更加宽松的货币政策和刺激性的财政政策。预计中国人民银行会继续降低存款准备金率,可以在美联储放松货币供给的时机选择降低利率。财政方面应该提高财政赤字上限,增加地方政府专项债,加快基础设施建设投资,大幅减税降费来替代各种财政补贴,降低企业的成本和提高个人可支配收入。最后,除了传统的逆周期政策,有必要放松金融系统的监管,让银行资金流向实体经济,降低实体经济的资金成本,缓解民营经济的融资难问题。加强金融监管主要是为了防范金融风险,但目前的风险主要来自经济继续下行和通货紧缩,如果经济恶化,企业盈利能力弱化也将提高企业的负债率。

然而,稳增长不能仅仅依靠短期的逆周期政策,尤其要避免大水漫灌式地增加货币供给来维持短期增长。2008—2009年因为全球经济危机,中国政府推出的四万亿财政刺激性政策和更大规模的地方政府融资,造成了日后严重的产能过剩和过高的债务杠杆,直至今日仍旧是难以处理的棘手问题。因此,稳增长必须结合结构性改革和进一步开放来创造新的经济增长点。1997年亚洲金融危机之后,中国经济下滑明显,同时国有企业改革造成了几千万工人下岗,但2001年中国加入WTO,使得出口部门特别是外资企业和私有企业迅速崛起,不仅消化吸收了国有企业的下岗员工,而且在2001—2007年间维持了两位数的经济增长。

目前看来,有些地方政府不敢作为,部分企业不敢投资。因此有必要让地方政府和企业有更多的激励进行投资和生产。中国诸多改革措施都是在压力推动下实施的,比如加入WTO就是在国有企业改革几千万员工下岗的背景下进行的。2019年经济下行压力也可以转变为继续推动改革开放的动力,比如进一步放开对外资的准入和股比的限制,如互联网、医疗、教育、基建等领域，最终目标是落实竞争中性原则，即市场对各种不同所有制的企业开放。在接下来的"调结构"部分，我们详细阐述如何通过结构改革来应对美方要求和促进本国经济增长。

3. 调结构

中美贸易争端最终会依靠贸易谈判来解决。G20阿根廷峰会中美首脑会晤后，双方更加理性，迫于国内国际压力都需要达成一个贸易协议。但是，结构性改革不仅是解决中美贸易争端的需要，也是中国实现全面开放和经济增长动能转换的需要。因此，中国"调结构"应该将促进中国经济增长和回应美方贸易谈判要求结合起来，寻找最大公约数，实现中美共赢互利。

我们首先总结一下美国的要求。虽然美国是以中国"侵犯"美国知识产权的301调查为依据对中国发起贸易制裁，但这只是美国挑起这场贸易战的借口之一，美国对中国的要求远远超出知识产权的范围，其主要诉求如下：

（1）增加自美国进口，大幅削减中美贸易逆差。

（2）加强知识产权保护，立即停止对《中国制造2025》工业计划所针对的行业提供扭曲市场的补贴和其他类型的政府支持，取消技术移转相关特定政策和做法，停止政府赞助的网络入侵和网络盗窃。

（3）美国投资人在中国取得公平、有效和无差别市场准入，删除适用外国投资限制和外国所有权和股权规定。

（4）中国将所有非核心产业商品的关税降至不高于美国对进口产品征收的关税水平，并取消特定非关税贸易壁垒。

（5）为美国服务供应商改善中国市场准入。

（6）为美国农产品改善中国市场准入。

美国的主要诉求可以简单概括为四个方面：减少贸易逆差、取消政府补贴、扩大市场准入、加强知识产权保护。对于市场准入和加强知识产权保护，中美双方原则上没有矛盾，双方在执行时间和程度上有差异。因此，接下来我们重点讨论贸易逆差和政府补贴问题。

3.1 中美贸易逆差

虽然中美双边贸易不平衡主要是由经济因素特别是全球产业链造成的，而非中国主动追求的结果，但美国政界出于选票的考虑对贸易逆差比较敏感，这也是 20 世纪 70 至 90 年代美国对日本发动贸易战的原因，因此中国不得不重视美方的这一诉求：减少中美贸易逆差。

首先，中国可以加大进口传统的美国产品，比如大豆、汽车、飞机等，另外液化天然气也极有潜力。由于页岩气革命，美国已经成为世界上最大的能源生产国，急需为国内巨量的天然气寻找出路，而中国的能源结构主要以煤炭为主，对环境污染比较严重，对清洁能源如天然气有着巨大的潜在需求，因此中国可以加大从美国的液化天然气进口。

其次，中国可以继续下调关税，减少非关税贸易壁垒。之前我们已经探讨了中国关税下调的空间，从我们的量化研究来看，中国可以进一步下调关税，但降关税对减少中美贸易逆差的作用可能非常有限。这里我们进一步强调应该同时下调进口产品的国内消费税和增值税，使得进口产品的综合税率下降。以进口汽车为例，不仅需要缴纳 15% 的关税，还需要缴纳 1%~40% 的消费税和 16% 的增值税，而且三种税率不是简单叠加，因此最终售价远远高于进口到岸价格。2018 年中国货物进口 140 874 亿元，关税只有 2 848 亿元，与进口总额之比才到 2.02%；但进口货物的增值税、消费税则高达 16 879 亿元，与进口总额之比高达 11.98%。由此可以看出，虽然中国的实际关税税率已经非常低了，但进口产品的综合税率并不低。由于增值税和消费税都是国内税种，因此必须与政府正在进行的减税降费结合起来。因为增值税是对所有国内产品和进口产品都征收，调整空间不大，但消费税是针对特定行业，特别是奢侈品如汽车、化妆品和烟草酒精等管制类产品，调整的空间比较大。对进口汽车而言，消费税比例相对更高，如果仅仅下调进口关税，对扩大进口帮助十分有限，必须同时降低消费税，才能显著降低进口汽车国内售价，帮助扩大汽车进口。

为了降低对美国的贸易顺差，中国可能不得不考虑鼓励企业将制造业的全球产业链的一部分转移到美国和其他国家与地区去。在开始阶段，可以将附加值较低的最后组装阶段转移到越南、印度尼西亚、泰国等东南亚国家，鼓励中国企业向产业链上附加值较高的部分移动。美日贸易逆差的缩小，很大程度上是因为日本一方面增加对美国的直接投资，另一方面将生产和组装转移到中国和东南亚国家再出口到美国，因此中国也不妨学习日本经验。最近几年一些跨国公司已经开始从中国向劳动力成本更低的国家和地区转移产业链，如越南已经取代中国成为耐克最大的供应商，主要的原因在于过去十年中国劳动力成本上升明显。而这一趋势在今后几年可能会进一步加速，中国本土的企业也会跟着跨国公司的步伐向东南亚国家转移。

中美两国都同意采取措施降低两国之间的贸易逆差，矛盾之处在于时间。美国希望在短期内（如两年内）看到双边贸易逆差有显著改善，而中国则希望有更多的时间来进行调整。同时，中国也希望从美国进口更多的高科技产品，但美国为了防范中国的技术追赶一直不愿意放开对中国的高科技产品禁运，目前来看放开高科技产品禁运的可能性不大。

3.2 国有企业和财政补贴

美方的第二个主要诉求是减少和消除国有企业和工业补贴对市场的扭曲。2018年9月美日欧发表关于贸易的三方联合声明，要求制定有效规则解决非市场化经济体的国有企业扭曲市场行为和政府的工业补贴政策，创造公平的市场环境。这一声明主要针对的就是中国。WTO前总干事帕斯卡尔·拉米（Pascal Lamy）在接受《金融时报》专访时也建议中国"缩小国有企业占经济总量的份额"。

中国人民银行行长易纲提出了"竞争中性"的概念，强调政策对所有企业一视同仁。无论是市场准入、税费、融资，还是劳动雇佣、产权保护等方面，做到企企平等。"竞争中性"不是全盘私有化，亦不同于国有企业的做大做强或者支持民营经济，而是强调对市场参与者一视同仁的市场制度建设、法律建设和政策设计。这一概念比较适合目前中国国企、私企、外企和各种所有制企业共存的现实，也容易和国际经济秩序相接轨。但是，美方肯定不会对中国仅仅提出一个概念感到满意，更加重要的是如何落实这个概念。中国朝竞争中性的方向走还有很长的路。

中美贸易谈判最难的地方恐怕在于工业补贴。美国认为中国依赖政府补贴来实现自己的产业目标，所以要求中国消除补贴来保证公平贸易。2015年中国出台了《中国制造2025》，目的在于把中国建设成制造业的世界强国，以加快新一代信息技术与制造业深度融合为主线，以推进智能制造为主攻方向，实现中国智造。《中国制造2025》是中国制造业发展的十年纲领性文件。该文件还列出了政府应当重点支持的高端制造业的十大重点领域：新一代信息产业、高档数控机床和机器人、航空航天装备、海洋工程装备及高技术船舶、先进轨道交通装备、节能与新能源汽车、电力装备、农机装备、新材料和生物医药及高性能医疗器械。《中国制造2025》也表明政府应当在金融和财政方面支持这些高端制造业。

美国指责中国的工业补贴政策是"国家资本主义"的手段，违反了自由市场和WTO的原则，威胁和伤害了美国高端制造业的利益。双方在工业补贴上的矛盾，也反映了中美两种市场制度发展程度上的不一致。中国认为自己是发展中国家，市场还不完善，需要借助政府的力量和产业政策来弥补市场的缺陷，比如补贴科研投入和对高科技行业的投资补贴可以让该行业迅速实现规模经济。而美国则认为，政府不应通过补贴扭曲企业的投资和生产，市场会引导企业去做研发和投资，而中国对高端制造业的补贴表现了政府对这些行业的扶持，对身处这些行业的美国公司是不公平的。因此，美国301调查主要针对的是中国对高端制造业的补贴。

让我们抛开美国对中国工业补贴的批评，先分析一下中国的补贴政策。中国的政府补贴政策错综复杂，既有显性的如给予资金支持的补贴，也有隐性的如以较低的价格提供土地、税费的减免等；既有提供给特定目标的，如对国有企业的补贴，也有提供给一般群体用以支持某种经济活动的，如对企业研发的补贴；既有中央政府的补贴，也有地方政府的补贴。中国还存在广泛的产业政策和与之相应的补贴政策，如前几年对光伏产业的补贴和最近几年对新能源汽车的补贴。这些政府补贴主要可以分为以下几类：①价格补贴；②通过较低的贷款利率给予补贴；③能源使用补贴（水、电、煤、油、天然气）；④关键投入品如原材料和土地补贴。

光伏产业是一个政府补贴导致产业过度投资、产能过剩、出口猛增并导致欧美等国家和地区发起对中国反补贴调查的典型例子。2007年美国次贷危机爆发，并逐渐演变成全球性金融危机，导致2009年中国出口同比急剧下跌16%。中国政府为此推出了四万亿的财政刺激政策。为扶持新能源光伏产业的发展，2009年7月政府启动了"金太阳示范工程"，发布《金太阳示范工程财政补助资金管理暂行办法》，"并网光伏发电项目原则上按光伏发电系统及其配套输配电工程总投资的50%给予补助，偏远无电地区的独立光伏发电系统按总投资的70%给予补助"。这一补贴政策使得各地踊跃投资光伏发电。2013年7月国务院常务会议通过了

《国务院关于促进光伏产业健康发展的若干意见》（以下简称"光伏国八条"），在产能已经过剩的情形下提高了对光伏产业的补贴，不仅提高了上网电价，而且以 0.42 元/千瓦时的标准补贴，并明确光伏补贴期限上限为 20 年。在补贴政策的刺激下，中国光伏行业迅猛扩张，根据万德数据统计，中国累计装机容量 2013 年超越美国，2015 年超越德国成为世界第一大国，之后连续三年位居全球之首。2017 年新增装机容量 5 306 万千瓦，占全球新增装机容量的 54%。

迅猛扩张的光伏装机规模导致了严重的产能过剩。根据万德数据统计，2016 年西北四省区新疆、甘肃、青海、宁夏弃光率分别高达 32%、30%、8%、7%，总计浪费的电力高达 69 亿千瓦时。另外，各地方政府竞争性投资光伏发电也使得中央政府的补贴压力越来越大，财政补贴缺口上升。中央政府逐步意识到补贴导致光伏产业的过度投资和产能过剩，2015 年开始主动削减补贴标准。2018 年 6 月，国家发改委、财政部和能源局联合发文明确暂不安排各地普通光伏电站建设规模。

由于光伏产能过剩，过去几年里中国光伏组件出口也迅速增加，这导致欧美和其他多个国家（地区）与中国就光伏产品出口发生贸易争端。欧盟、美国、加拿大、澳大利亚、土耳其和印度等国先后对中国出口的光伏组件和产品发起 11 起反倾销、反补贴的贸易保障措施，其中美国就发起了 4 起"双反"调查，使得中国光伏产品出口受到重创。产能过剩行业大部分是中国与其他国家和地区贸易摩擦最严重的行业，另一个工业补贴的典型例子就是钢铁行业。2016 年，中国遭遇来自 27 个国家和地区发起的 119 起贸易救济调查案件，涉案金额 143.4 亿美元，其中针对钢铁贸易的救济调查案件就有 49 起，涉案金额 78.95 亿美元，分别占同期全部贸易救济案件数量和金额的 41.18% 和 55.06%。

光伏产业这个例子表明，政府补贴虽然能够激励企业投资，弥补一些市场缺陷，但财政补贴的弊端也是非常明显的。第一，补贴扭曲价格，阻碍市场成为资源分配的决定性力量，容易导致过度投资和产能过剩。同时，补贴使得生产效率较低的企业得以存活下去，僵尸企业僵而不死，造成严重资源错配。2018年国家发改委不再安排光伏电站建设规模，但仍旧没有取消补贴，这种补贴现存企业和限制新企业进入的做法也制约了光伏产业的技术进步。第二，补贴扭曲激励结构，容易导致寻租盛行，加大财政压力。中央政府出台补贴政策之后，地方政府争先恐后地上马投资项目来争取中央政府的补贴，这种恶性竞争加大了中央政府的财政压力。第三，由于中国已经成为世界第一大出口国，补贴特定行业容易导致产能过剩和出口猛增，进而引致贸易伙伴国的反倾销和反补贴调查，加剧国际贸易摩擦。

要减少或消除政府补贴是一项非常困难的改革。政府掌握大量的生产经营资料，并且拥有对市场经济活动的强大干预能力，包括对要素价格的制定，是补贴广泛存在的最根本原因。部分国有企业由于生产效率低下，依赖低息贷款、低价土地、能源补贴和就业补贴才得以生存，而政府则依赖这些国有企业掌握国民经济的命脉和实现产业目标，所以财政补贴才难以从根源上消除。因此，减少和消除补贴还必须和国有企业改革结合起来，允许处于长期亏损和依赖财政补贴才得以生存的国有企业退出市场，减少僵尸企业和落后产能。

对处于人均GDP接近1万美元的中国来说，现阶段确实还离不开政府的产业政策来引导企业，但在鼓励企业研发、创新、投资和生产方面，却未必需要依赖弊端诸多的补贴政策。一个可行的策略是尽量使用减税降费来替代补贴。减税降费和补贴一样，可以降低企业生产成本，在减少补贴的同时降低税费，可以缓冲补贴下降对企业的冲击，而且减税办法更具优势。第一，减税是普惠性的，补贴是特惠性的。减税不但可以将隐性的补贴显性化，增加透明度，而且政府不需要先收税再对特定对象给予补贴，降低行政成本，也可以减少地方政府和企业寻租的动力。第二，减税降费会使政府的收入下降，政府为了避免财政赤字的上升，也有动力减少补贴性支出。第三，政府仍然可以采用减免税收的办法来支持特定行业或吸引投资。减免税收也是美国等发达国家常用的吸引投资的办法。比如，为了吸引富士康公司去威斯康星州投资设厂，该州答应在未来15年为富士康提供合计30亿美元的税务减免优惠。因此，减税降费可以避免因补贴而引致与其他国家和地区的贸易摩擦。

减税降费不但可以打破中美关于工业补贴谈判的僵局，有利于保持宏观经济稳定，而且还可以在长期提高中国企业的国际竞争力。特朗普政府2017年税收改革大幅降低了公司所得税，最高税率从35%降低到21%。这一规模空前的减税政策降低了企业的生产成本，有利于刺激企业投资和美国经济增长，更提高了美国产品的国际竞争力。根据世界银行的数据，中国企业税负占商业利润的比例高达64.6%，在全世界188个国家的企业税负排名里位列第15，同时也远高于美国的43.8%。北京大学张帆教授测算的中美制造业税负对比也显示，中国制造业企业税负占商业利润的比例高达73.7%，远远高于美国的42.4%。[37] 为了提高中国企业的国际竞争力，中国政府非常有必要采取降低税率的办法来降低企业成本。中国政府虽然在2018年开始减税降费来降低企业成本，但力度还不够大。中国政府应当适当减少补贴，同时降低税率和增加税费减免，两手一起抓，一方面维持财政收支平衡，另一方面还富于民，有利于刺激消费和投资。减少补贴可以减少对经济活动的扭曲，降低资源的错配，从而提高经济生产的效率和经济增长速度。

4．总结与展望

当前，中国的"促开放"措施主要是在落实习近平总书记2018年4月在博鳌论坛上宣布的计划，这些措施目前看来并不足以缓解美国对中国的关税压力。但中国继续开放的空间还有很大，包括继续下调关税和开放外资进入更多的领域，如电信、能源和互联网领域。扩大开放也有利于中国经济的增长，中美双方在这方面达成一致的可能性比较高。由于经济下行压力仍然存在，"稳增长"的货币财政双宽松的具体政策还会陆续出台，虽然无法迅速扭转经济下行的趋势，但经济出现危机或断崖式下跌的可能性也比较低。同时，美国经济2019年的增长率预期低于2018年，减税带来的刺激效应也在边际减弱，因此，贸易冲突对美国经济的负面影响也会变得显著起来。相比之下，中美两国在结构性改革方面分歧巨大，结构性改革是美国的主要诉求，但似乎还不是中国当前政策的主要着力点，或许暗示了中国难以在这些领域让步。因此，结构性改革将会是贸易谈判和执行的重点和难点。

自1949年中华人民共和国成立以来，现代中国经历了三次全球化的挑战和努力。第一次是1978年打开国门实行改革开放，这是计划经济走向市场经济的第一步，也是中国从封闭经济走向开放经济的第一步，开启了中国融入第二次世界大战后由美英等国主导建立的国际政治经济新秩序的漫长过程。第二次是2001年中国加入WTO，明确了中国进一步开放的规则和方向。中国遵循WTO的多边规则与世界各国进行贸易和投资活动，大幅降低关税，基本放开制造业的外资准入，消除进口配额等。搭上WTO的列车，中国全球化进程加速，进一步融入了国际政治经济秩序。

当前的中美贸易冲突可以说是中国面对的第三次全球化挑战。与前两次主要是中国内部主动推动开放的进程不同，这一次主要是应对来自美国的压力。但是，这三次全球化挑战的共同之处是如何将中国的内部制度和开放世界的通行规则连接起来。第一次为了突破意识形态和计划经济的樊笼，中国采用的是特区政策，设立深圳等特区优先实施与东南亚国家类似的开放政策，先试先行，成功之后再推广到沿海城市，最后形成覆盖全国的对外开放格局。第二次为了加入WTO，中国更是对既有的经济法律法规进行了一次系统性梳理和调整，并制定了一系列关于外商投资、货物和服务贸易、知识产权保护等诸多新的符合WTO规则的法律法规。第三次是随着中国经济的崛起，中国经济模式——较高的国有企业占比、强大的政府能力、规模巨大的国有企业和积极的产业政策——对当今西方市场经济秩序形成了挑战。中美经贸关系变局的根本原因亦在于此。因此，如何和国际社会的通行规则进一步整合起来、消除中美之间矛盾的根源，成为中国成功应对第三次全球化挑战的关键所在。

中美两国是当今世界最大的两个经济体，经济相互依存度很高，中美贸易持续冲突将对双方和世界经济带来不可估量的损失，因此必须也必然会达成一个贸易协定，结束目前两国的贸易冲突。这需要双方努力寻求最大公约数，相向而行。只有这样，经贸磋商才能取得实质性进展，推动两国经济迈上新台阶。

具体而言，中国可以推行三方面的改革：①进一步下调关税，消除非关税贸易壁垒；②扩大外资市场准入和简化政府监管程序；③减少对国有企业的补贴，减税降费和减补贴并行，降低资源错配，提高企业生产效率。如果沿着这三个方向改革，中美贸易冲突最终将从压力变成动力，推动中国向全方位的对外开放格局前进，胜利应对第三次全球化挑战，维持可持续的经济增长，其影响或许相当于2001年中国加入WTO——它帮助中国在2001—2008年间实现经济规模翻了一番！

（本文缩略版曾发表于《金融时报》中文网，2018年11月28日。）

参考资料

[1] Nixon, Richard M. "Asia after Viet Nam." *Foreign Affairs*, 46, No. 1, 1967: 111–125.

[2] Pence, Michael R. "Remarks by vice president Pence on the administration's policy toward China." Hudson Institute, October 4, 2018.

[3] Allison, Graham. *Destined for war: can America and China escape Thucydides's trap?* Houghton Mifflin Harcourt, 2017.

[4] Krugman, Paul. "The myth of Asia's miracle." *Foreign Affairs*, 73, No.6, 1994: 62–78.

[5] Zhu, Xiaodong. "Understanding China's growth: Past, present, and future." *Journal of Economic Perspectives*, 26, No. 4, 2012: 103–124.

[6] Vance, J. D. *Hillbilly Elegy: A memoir of a family and culture in crisis.* New York, NY: HarperCollins, 2016.

[7] Stephen K. Bannon. Speech at the conservative political action conference, Tokyo, Japan, December 17, 2017.

[8] Mishel, Lawrence, and Jessica Schieder. "CEO compensation surged in 2017." Economic Policy Institute, August 16, 2018.

[9] Piketty, Thomas. "Capital in the 21st Century." Cambridge: Belknap Press of Harvard University Press, 2014.

[10] Kochhar, Rakesh, Richard Fry, and Molly Rohal. "The American middle class is losing ground: no longer the majority and falling behind financially." Pew Research Center, December 9, 2015.

[11] Philip P. Pan. 纽约时报. "中国：拒绝失败之地", https://www.nytimes.com/zh-hans/interactive/2018/11/18/world/asia/china-rules.html[2018-11-18].

[12] Case, Anne, and Angus Deaton. "Rising morbidity and mortality in midlife among white non–Hispanic Americans in the 21st century." *Proceedings of the National Academy of Sciences,* 112, No. 49, 2015: 15078–15083.

[13] Autor, David H., David Dorn, and Gordon H. Hanson. "The China syndrome: Local labor market effects of import competition in the United States." *American Economic Review,* 103, No. 6, 2013: 2121–2168.

[14] Acemoglu, Daron, David Autor, David Dorn, Gordon H. Hanson, and Brendan Price. "Import competition and the great US employment sag of the 2000s." *Journal of Labor Economics,* 34, No. S1, 2016: S141–S198.

[15] Autor, David H., David Dorn, Gordon H. Hanson, and Jae Song. "Trade adjustment: Worker-level evidence." *The Quarterly Journal of Economics,* 129, No. 4, 2014: 1799–1860.

[16] Autor, David, David Dorn, and Gordon Hanson. "When work disappears: manufacturing decline and the falling marriage-market value of young men." *NBER Working Paper,* No. 23173, 2018.

[17] Pierce, Justin R., and Peter K. Schott. "The surprisingly swift decline of US manufacturing employment." *American Economic Review,* 106, No. 7, 2016: 1632–1662.

[18] Pierce, Justin R., and Peter K. Schott. "Trade liberalization and mortality: Evidence from US counties." *NBER Working Paper,* No. 22849, 2016.

[19] Navarro, Peter, and Greg Autry. *Death by China: Confronting the dragon—A global call to action.* Upper Saddle River, NJ: Prentice Hall, 2011.

[20] Robinson, Sherman, Karen Thierfelder, Jeffrey J. Schott, Euijin Jung, and Zhiyao (Lucy) Lu. "Trump's proposed auto tariffs would throw US automakers and workers under the bus." *Peterson Institute for International Economics Reports*, May 31, 2018.

[21] Xing, Yuqing, and Neal Detert. "How the iPhone widens the United States trade deficit with the People's Republic of China." *ADBI Working Paper Series*, 2010.

[22] Koopman, Robert, Zhi Wang, and Shang-Jin Wei. "Tracing value-added and double

counting in gross exports." *American Economic Review,* 104, No. 2, 2014: 459–494.

[23] Koopman, Robert, Zhi Wang, and Shang-Jin Wei. "Estimating domestic content in exports when processing trade is pervasive." *Journal of Development Economics,* 99, No. 1, 2012: 178–189.

[24] Johnson, Robert C., and Guillermo Noguera. "Accounting for intermediates: Production sharing and trade in value added." *Journal of International Economics,* 86, No. 2, 2012: 224–236.

[25] Congressional Budget Office. "An update to the economic outlook: 2018 to 2028." Congress of the United States, 2018, https://www.cbo.gov/publication/54318[2019-5-13].

[26] Robert, Triffin. *Gold and the dollar crisis: The future of convertibility.* New Haven: Yale University Press, 1960.

[27] Curcuru, Stephanie E., Charles P. Thomas, and Francis E. Warnock. "On returns differentials." *Journal of International Money and Finance,* 36, 2013: 1–25.

[28] 白重恩，张琼."中国的资本回报率及其影响因素分析."《世界经济》，2014年第10期，第3–30页.

[29] Gourinchas, Pierre-Olivier, and Helene Rey. "International financial adjustment." *Journal of Political Economy,* 115, No. 4, 2007: 665–703.

[30] Francois, Joseph, and Laura M. Baughman. "The unintended consequences of US steel import tariffs: A quantification of the impact during 2002." Study prepared for the CITAC Foundation, Trade Partnership Worldwide, Washington, DC, 2003.

[31] Hufbauer, Gary, and Ben Goodrich. "Steel: Big problems, better solutions." Policy Brief. Washington DC: Institute for International Economics, 2001.

[32] Eaton, Jonathan, and Samuel Kortum. "Technology, geography, and trade." *Econometrica,* 70, No. 5, 2002: 1741–1779.

[33] Caliendo, Lorenzo, and Fernando Parro. "Estimates of the trade and welfare effects of NAFTA." *The Review of Economic Studies,* 82, No. 1, 2015: 1–44.

[34] Athukorala, Prema-chandra, and Fahad Khan. "Global production sharing and the measurement of price elasticity in international trade." *Economics Letters,* 139, 2016: 27–30.

[35] Woo, Wing Thye. "Understanding the sources of friction in US–China trade relations: The exchange rate debate diverts attention from optimum adjustment." *Asian Economic Papers*, 7, No. 3, 2008: 61–95.

[36] Sheng, Liugang, and Dennis Tao Yang. "Expanding export variety: The role of institutional reforms in developing countries." *Journal of Development Economics*, 118, 2016: 45–58.

[37] Sheng, Liugang, Hongyan Zhao, and Jing Zhao. "Why will Trump lose the trade war?" *China Economic Journal*, 12, No. 2, 2019: 137–159.

[38] 张帆. "中美制造业税负比较", 北京大学国家发展研究院研究报告, 2018 年, https://www.nsd.pku.edu.cn/sylm/gd/257984.htm[2019-5-13].

主要数据来源

1. 中国教育部：2017 年全国教育事业发展统计公报，http://www.moe.edu.cn/jyb_sjzl/sjzl_fztjgb/201807/t20180719_343508.html [2019-5-13]

2. 中国教育部：全国授予博士、硕士学位人数统计（1981–2006），http://www.moe.gov.cn/srcsite/A22/s7065/200710/t20071012_61115.html [2019-5-13]

3. CEIC 数据库，https://www.ceicdata.com [2019-5-13]

4. 美国经济分析局（Bureau of Economic Analysis）数据，https://www.bea.gov/data [2019-5-13]

5. 美国国际贸易委员会（United States International Trade Commission）数据，https://dataweb.usitc.gov/?f=beta [2019-5-13]

6. 美国农业部国家农业统计局（United States Department of Agriculture（USDA）- National Agricultural Statistics Service（NASS））数据，https://quickstats.nass.usda.gov/ [2019-5-13]

7. 美国国家科学基金会、美国国家科学委员会："科学与工程指标（2018）"，https://www.nsf.gov/statistics/2018/nsb20181/ [2019-5-13]

8. 美国国家科学基金会，2018 年 3 月：Doctorate Recipients from U.S. Universities 2016，https://www.nsf.gov/statistics/2018/nsf18304/static/report/nsf18304-report.pdf [2019-5-13]

9. 世界银行数据库，http://databank.worldbank.org [2019-5-13]

10. 营商环境 Doing Business 历年报告，http://www.doingbusiness.org [2019-5-13]

11. 世界知识产权组织 IP Statistics Data Center，https://www3.wipo.int/ipstats/ [2019-5-13]

12. 联合国人类发展报告（2016），http://hdr.undp.org/sites/default/files/hdr_2016_report_chinese_web.pdf [2019-5-13]

13. 经济合作与发展组织（OECD）与世界贸易组织（WTO）联合建设的全球价值链与贸易增加值数据率（TiVA），https://stats.oecd.org/index.aspx?queryid=75537# [2019-5-13]

14. WTO Working Paper ERSD–2017–02: Accumulating Trade Costs and Competitiveness in Global Value Chains，https://www.wto.org/english/res_e/reser_e/ersd201702_e.pdf [2019-5-13]

15. 世界不平等数据库 World Inequality Database, https://wid.world/ [2019-5-13]

16. Opportunity Insights, https://opportunityinsights.org/ [2019-5-13]

17. 财富网：世界 500 强，http://fortune.com/fortune500/ [2019-5-13]

18. 财富中文网：中国 500 强，http://www.fortunechina.com/fortune500/node_4302.htm [2019-5-13]

附录：中美贸易争端时间表

北京时间	事件描述
2017/04/20	美国商务部启动对进口钢铁产品的232调查，随后总统对此签署备忘录。
2017/04/27	美国商务部启动对进口铝产品的232调查，随后总统对此签署备忘录。
2017/08/19	美国贸易代表处启动了对中国有关技术转让、知识产权和创新的301调查。
2018/01/23	美国对大型洗衣机和光伏产品进口分别采取为期4年和3年的全球保障措施，征收最高税率分别为30%和50%的关税。（201调查）
2018/02/14	美国对中国进口的铸铁污水管道配件征收68.37%~109.95%的反倾销关税。
2018/02/17	美国商务部公布对美国进口钢铁和铝产品的232调查报告，认为进口钢铁和铝产品严重损害了国内产业，威胁到国家安全，并向总统建议实施关税、配额等进口限制措施。
2018/02/28	美国对中国进口的铝箔产品征收48.64%~106.09%的反倾销税，以及17.14%~80.97%的反补贴税。
2018/03/09	美国对进口钢铁和铝产品分别征收25%和10%的关税（即232措施），6月1日正式实施，并没有豁免加拿大、墨西哥、欧盟等盟国。
2018/03/23	美国宣布因知识产权侵权问题将对中国500亿美元商品征收关税，并实施投资限制。（301调查）
2018/03/23	针对美国就进口钢铁和铝产品采取的232措施，中国商务部发布了对美国价值约30亿美元的中止关税减让产品清单。（3月31日，评论期结束）

(续表)

北京时间	事件描述
2018/04/01	中国宣布自4月2日起,对原产于美国的7类128种进口商品中止关税减让义务,在现行适用关税税率基础上加征关税:对水果及制品等120种进口商品加征关税税率为15%,对猪肉及制品等8种进口商品加征关税税率为25%。
2018/04/04	美国发布了加征关税的商品建议清单,拟对中国出口美国的1 333种500亿美元的商品加征25%的关税。
2018/04/04	中国决定对总价值500亿美元的原产于美国的大豆、汽车、化工品等14类106种商品加征25%的关税。实施日期视美国情况另行通知。
2018/04/06	美国总统特朗普要求美国贸易代表办公室依据301调查,再对1 000亿美元中国进口商品加征关税。美国贸易代表办公室当天回应此举是"合适的",需要通过公众评议流程。
2018/04/16	美国商务部下令7年内禁止美国公司向中国中兴通讯公司出售产品。
2018/04/17	中国商务部公布对原产于美国的进口高粱反倾销调查初步裁定,决定对原产于美国的进口高粱实施临时反倾销措施。根据裁定,自2018年4月18日起,进口经营者在进口原产于美国的高粱时,应依据裁定所确定的各公司保证金比率(178.6%)向中华人民共和国海关提供相应的保证金。
2018/04/20	中国商务部公布对原产于美国、加拿大和巴西的进口浆粕反倾销措施再调查的肯定性裁定,继续按照商务部2014年第18号公告内容实施反倾销措施。
2018/05/03—04	美国总统特使、财政部部长姆努钦(Steven Mnuchin)率美方代表团访华。国务院副总理刘鹤与其就中美经贸问题交换意见。
2018/05/17—18	习近平主席特使、国务院副总理刘鹤赴美访问,同美国财政部部长姆努钦率领的美方经济团队继续就两国经贸问题进行磋商。
2018/05/18	出于公众利益考量,中国商务部终止对原产于美国的进口高粱反倾销反补贴调查,并将此前征收的反倾销临时保证金如数退还。
2018/05/20	中美两国在华盛顿就双边经贸磋商发表联合声明。刘鹤表示,此次中美经贸磋商的最大成果是双方达成共识,不打贸易战,并停止互相加征关税。
2018/05/22	中国国务院关税税则委员会宣布自7月1日起,降低汽车整车及零部件进口关税。将汽车整车税率为25%的135个税号和税率为20%的4个税号的税率降至15%,将汽车零部件税率分别为8%、10%、15%、20%、25%的共79个税号的税率降至6%。

(续表)

北京时间	事件描述
2018/05/30	美国发表声明,将对从中国进口的包括高科技产品在内的总值500亿美元的商品征收25%的关税,清单将于6月15日公布。
2018/06/15	美国发布了加征关税的商品清单,将对从中国进口的约500亿美元商品加征25%的关税,其中对约340亿美元商品(原1 333种中的818种)自2018年7月6日起加征关税,同时对约160亿美元商品(284种)加征关税开始征求公众意见。
2018/06/15	中国就美方的500亿美元关税发表讲话称,"我们将立即出台同等规模、同等力度的征税措施,双方此前磋商达成的所有经贸成果将同时失效"。
2018/06/16	中国对原产于美国的659种约500亿美元进口商品加征25%的关税,其中对农产品、汽车、水产品等545种约340亿美元商品自2018年7月6日起实施加征关税,对其余商品加征关税的实施时间另行公告。
2018/06/19	美国总统特朗普指示美国贸易代表准备一份10%关税的2 000亿美元中国商品清单。
2018/07/06	北京时间7月6日中午12:01,中美双方同时就340亿美元进口商品征收25%关税。
2018/07/10	美国公布对自中国进口2 000亿美元商品初始清单,拟对这些商品加征10%关税。
2018/07/20	美国财经电视台CNBC电视7月20号播出对特朗普总统的专访,谈到美中贸易争端时特朗普说:"我已经准备好提高到5 000亿美元。"
2018/08/01	消息称,特朗普政府计划将2 000亿美元自中国进口商品的加征关税税率从10%提高至25%。
2018/08/02	美国正式宣布,将2 000亿美元自中国进口商品的税率从10%提高到25%。
2018/08/03	中国决定对原产于美国的价值约600亿美元的5 207个税目商品加征关税。税率由5%到25%不等,共四个部分。
2018/08/08	美国公布500亿清单中的第二批279种、价值160亿美元中国商品加征关税清单,25%的关税将于8月23日生效。
2018/08/08	中国对500亿清单中未实施的160亿美元商品条目做适当调整,自2018年8月23日12时01分起实施加征25%的关税。

(续表)

北京时间	事件描述
2018/08/23	北京时间8月23日中午12：01，中美双方同时就160亿美元进口商品征收25%关税。
2018/09/18	美国宣布对自中国进口的2 000亿美元商品自9月24日0点开始征收10%关税，2019年1月1日后改为25%关税。该清单对原2 000亿清单做了细微调整，保留了5 745条税目，其中11条为部分征税。
2018/09/18	中国宣布对此前公布的600亿清单（未做调整）自9月24日中午12点开始征收关税，税率由原来的四级调整为两级，5%和10%改为5%，20%和25%改为10%。
2018/09/24	北京时间9月24日中午12：01，中美双方同时就第二轮清单（600亿美元与2 000亿美元）进口商品征收5%/10%与10%的关税。
2018/10/04	美国副总统迈克·彭斯在某智库发表讲话，尖锐抨击中国的多项政策，对中国目前在贸易、知识产权、地区安全以及人权等多方面的政策提出了广泛批评，其中更特别指责中国对美国的干预远甚于俄罗斯。
2018/11/01	习近平主席与特朗普总统通电话，打破僵局，向市场释放积极信号。
2018/12/01	阿根廷G20峰会后，中美两国元首在布宜诺斯艾利斯举行了长达两个半小时的晚餐会晤。双方同意暂时不加剧贸易关税战，美方同意推迟原定于2019年1月1日对2 000亿美元中国商品提高关税的计划，最终是否会提高关税将视中美接下来3个月谈判的结果而定。
2018/12/29	习近平主席再次应约与特朗普总统通电话。两国领导人都强调了对中美关系的重视，指出两国工作团队正在积极推进落实两位领导人阿根廷会晤所达成的重要共识，希望双方能够取得成果达成协议。
2019/01/07—09	中美双方在北京举行经贸问题副部级磋商。双方就共同关注的贸易问题和结构性问题进行了广泛、深入、细致的交流，增进了相互理解，为解决彼此关切问题奠定了基础。双方同意继续保持密切联系。
2019/01/29	美国正式向加拿大提出引渡孟晚舟的请求。中方敦促美方立即撤销对孟晚舟女士的逮捕令及正式引渡要求。
2019/01/30—31	中国国务院副总理刘鹤率中方谈判团队与美国贸易代表莱特希泽及美方代表团在华盛顿进行经贸磋商。
2019/02/14—15	中国国务院副总理刘鹤率中方谈判团队与美方代表团在北京进行第六轮中美经贸高级别磋商。15日，中国国家主席习近平会见美国贸易代表莱特希泽和财政部长姆努钦。

(续表)

北京时间	事件描述
2019/02/21—22	中国国务院副总理刘鹤率队赴美同美国贸易代表莱特希泽、财政部部长姆努钦举行第七轮中美经贸高级别磋商。22日，美国总统特朗普会见中国国务院副总理刘鹤。
2019/03/05	美国贸易代表办公室宣布，针对中国的2 000亿清单加征关税从10%提高到25%的时间再一次后延，未定具体日期。
2019/03/28—29	中国国务院副总理刘鹤与美国贸易代表莱特希泽、财政部部长姆努钦在北京共同主持第八轮中美经贸高级别磋商，双方讨论了协议有关文本，并取得新的进展。
2019/03/31	中国国务院关税税则委员会公告称，后延暂停对原产于美国的汽车及零部件共计211个税目加征关税的时间，未定具体日期。
2019/04/03—05	中国国务院副总理刘鹤率队与美国贸易代表莱特希泽、财政部部长姆努钦在华盛顿共同主持第九轮中美经贸高级别磋商。双方决定就遗留的问题通过各种有效方式进一步磋商。
2019/04/30—05/01	中国国务院副总理刘鹤与美国贸易代表莱特希泽、财政部部长姆努钦在北京举行第十轮中美经贸高级别磋商。
2019/05/05	特朗普宣布从2019年5月10日起，将2 000亿清单商品的关税从10%提高到25%。
2019/05/09	美国政府宣布自2019年5月10日起，对原2 000亿清单商品加征关税税率从10%提高到25%。
2019/05/10	美国贸易代表莱特希泽宣布特朗普总统指示，拟对从中国进口的剩下3 000亿美元商品加征关税。
2019/05/10—11	中国国务院副总理刘鹤率队抵美，与美方举行第十一轮中美经贸高级别磋商。磋商结束后刘鹤接受了中国媒体联合采访，表示："合作是双方唯一正确的选择，但合作是有原则的，在重大原则问题上中方决不让步。"
2019/05/13	中国国务院关税税则委员会发布公告称，决定自2019年6月1日起对原产于美国的部分产品提高加征关税税率，分别实施25%、20%或10%加征关税。对之前加征5%关税的税目商品，仍继续加征5%关税。
2019/05/14	美国贸易代表处公布拟对中国加征关税的3 000亿初始清单。
2019/05/15	美国商务部工业和安全局将华为及其附属公司列入实体名单，限制华为购买美国产品。

(续表)

北京时间	事件描述
2019/06/02	中国国务院新闻办发布《关于中美经贸磋商的中方立场》白皮书，旨在全面介绍中美经贸磋商基本情况，阐明中国对中美经贸磋商的政策立场。
2019/06/03	美国贸易代表办公室和财政部发表联合声明，对中方发表《关于中美经贸磋商的中方立场》白皮书表示失望，指责中方在磋商中"开倒车"。
2019/06/06	中国商务部发表《关于美国在中美经贸合作中获益情况的研究报告》，阐明中美经贸合作作为两国和两国人民带来实实在在的利益，美国从中获益巨大。美国对中国贸易逆差是美国对中国出口管制等人为限制和市场共同作用的结果，受到产业竞争力、经济结构、贸易政策、美元的储备货币地位等多种因素影响，美方没有"吃亏"。
2019/06/18	中国国家主席习近平应约同美国总统特朗普通电话。
2019/06/29	中国国家主席习近平在大阪G20峰会上同美国总统特朗普举行会晤，此次会晤打破了5月初以来两国的僵局，双方同意重启经贸磋商。
2019/07/18	中国国务院副总理刘鹤应约与美国贸易代表莱特希泽、财政部部长姆努钦通话。
2019/07/30—31	中国国务院副总理刘鹤与美国贸易代表莱特希泽、财政部部长姆努钦在上海举行第十二轮中美经贸高级别磋商。
2019/08/02	美国总统特朗普在推特上表示，从2019年9月1日起对剩下3000亿美元的中国输美商品加征10%的关税。
2019/08/05	离岸和在岸人民币兑美元汇率双双跌破1美元兑7元人民币。
2019/08/06	美国财政部在特朗普指示下裁定中国为汇率干预国。
2019/08/13	美国贸易代表办公室宣布3 000亿美元加征关税分两个阶段实施，一部分产品从2019年9月1日开始加征关税，另一部分产品加征关税延迟至2019年12月15日。
2019/08/23	中国国务院关税税则委员会发布公告，决定对原产于美国的约750亿美元进口商品加征10%、5%不等关税，分两批分别自2019年9月1日、12月15日起实施。
2019/08/24	特朗普在推特上宣布，已经开始加征25%关税的2 500亿美元自中国进口商品关税税率从10月1日开始提高到30%，而剩下3 000亿美元中国输美商品关税税率从10%提高到15%，实施日期不变。
2019/08/30	美国贸易代表办公室正式公布对3 000亿美元清单中的第一批约1 250亿美元中国输美商品加征15%关税，9月1日凌晨12点生效。

(续表)

北京时间	事件描述
2019/09/12	特朗普在推特上宣布,将原定于 10 月 1 日对约 2 500 亿美元中国输美商品加征关税税率由 25% 上调到 30% 的措施推迟至 10 月 15 日起生效。
2019/10/10—11	中国国务院副总理刘鹤与美国贸易代表莱特希泽、财政部部长姆努钦在华盛顿举行第十三轮中美经贸高级别磋商。美国白宫表示中美将达成第一阶段协议。
2019/10/13	特朗普在推特上宣布,10 月 15 日起对约 2 500 亿美元中国输美商品加征关税税率暂时不从 25% 上调到 30%,加征关税维持在 25% 水平。